이서윤쌤의

초등 한자 어휘
끝내기

KB066558

1단계

한자 선정 및 어휘 풀이 정리 기준

1. 교육부 지정 기초 한자 중 초등 교과 이해에 도움이 되는 한자 선정
2. 초등 교과서에 수록되는 어휘 중 사용 빈도, 조어력이 높은 어휘 위주로 선정
3. 어휘의 뜻이 여러 개일 경우, 초등 교과서에서 자주 사용하는 뜻으로 풀이
4. 어휘의 뜻풀이에서 한자의 의미가 직접 드러나지 않을 경우, 한자와 연관된 풀이로 제시
5. 맞춤법과 띄어쓰기는 국립국어원에서 펴낸《표준국어대사전》을 기준으로 삼되, 초등 교과서 표기 기준

이서윤쌤의
초등 한자 어휘
끝내기 1단계

초판 2쇄	2024년 2월 7일
초판 1쇄	2024년 1월 2일
펴낸곳	메가스터디(주)
펴낸이	손은진
개발 책임	김문주
개발	김숙영, 민고은, 서은영
글	이서윤
그림	오우성
디자인	이정숙, 윤재경
마케팅	엄재욱, 김상민
제작	이성재, 장병미
주소	서울시 서초구 효령로 304(서초동) 국제전자센터 24층
대표전화	1661-5431
홈페이지	http://www.megastudybooks.com
출판사 신고 번호	제 2015-000159호
출간제안/원고투고	메가스터디북스 홈페이지 <투고 문의>에 등록

메가스터디BOOKS

'메가스터디북스'는 메가스터디㈜의 출판 전문 브랜드입니다.
유아/초등 학습서, 중고등 수능/내신 참고서는 물론, 지식, 교양, 인문 분야에서 다양한 도서를 출간하고 있습니다.

KC · 제품명 이서윤쌤의 초등 한자 어휘 끝내기 1단계
· 제조자명 메가스터디㈜ · 제조년월 판권에 별도 표기 · 제조국명 대한민국 · 사용연령 3세 이상
· 주소 및 전화번호 서울시 서초구 효령로 304(서초동) 국제전자센터 24층 / 1661-5431

랑랑쌤의 한마디

공부 실력을 키우는 한자 어휘 학습, 실전편!

여러분, 안녕하세요. 저는 랑랑쌤 이서윤 선생님이에요. 그동안 저는 한자 어휘의 중요성을 강조해 왔어요. 그래서 '의미 중심의 한자 어휘 공부법'을 활용한 《이서윤쌤의 초등한자어휘 일력》을 펴냈어요.

'의미 중심의 한자 어휘 공부법'은 한자의 뜻을 제대로 알고 연관된 어휘의 의미를 파악하는 방식의 공부법이랍니다. 특히, 교과 내용을 이해할 때 큰 도움이 됩니다. 예를 들어, 사회 교과에서 '등고선(等高線)'이라는 어휘의 한자를 안다면 '같을 등, 높을 고, 선 선'으로 의미를 연결하여 '지도에서 높이가 같은 곳을 선으로 이어 땅의 높낮이를 나타낸 선'으로 이해할 수 있겠지요.
교과서에서 배우는 어휘들은 한자의 조합으로 이루어진 것들이 많아요. 그래서 한자의 의미만 제대로 알아도 교과서에서 다루는 내용을 섬세하게 이해할 뿐 아니라, 교과 개념도 쉽게 파악할 수 있답니다.

《이서윤쌤의 초등 한자 어휘 끝내기》는 의미 중심의 한자 어휘 공부법으로 주요 과목의 필수 어휘를 학습하는 '실전편'입니다. 기본 한자의 음, 뜻, 모양을 직접 써 보며 익히고, 국어, 수학, 사회, 과학 교과의 어휘들을 학습 한자와 연결해서 배웁니다. '1한자 8어휘 30일 완성'으로, 주요 과목부터 일상생활 어휘, 고사성어까지 교과 학습과 일상생활의 어휘 빈틈이 없도록 도와줍니다.

'일력'으로 한자와 한자 어휘를 매일 접하며 공부 습관을 기르고, '끝내기'로 한자와 한자 어휘를 직접 쓰고 익히면서 진짜 실력을 키워 보세요. 이 책이 여러분의 어휘력과 언어 감각, 나아가 공부 실력을 끌어올리는 데 훌륭한 나침반이 되리라 기대합니다.

이서윤 (랑랑쌤)

랑랑쌤과 친구들

총총

명명
총총의 여동생

심심
총총의 단짝 친구

미미
총총의 여자 친구

구성과 특징

시작하기 먼저 한자의 뜻, 음, 모양을 알고 따라 쓴 다음, 다양한 글을 읽으며 어휘의 쓰임을 확인해요.

기본 학습　1~30일

- 국어, 수학, 사회, 과학 교과서 속 핵심 어휘부터 일상생활, 고사성어까지 초등학생이 꼭 알아야 할 어휘를 선정했습니다.

- 학년(2~5학년) 및 한자 급수 (8~4급)에 따라 3단계로 난이도를 구분하여 학습자별 맞춤 학습이 가능합니다.

- 30일 동안 하루에 1한자, 8어 휘씩 총 240개의 어휘를 학습 할 수 있습니다.

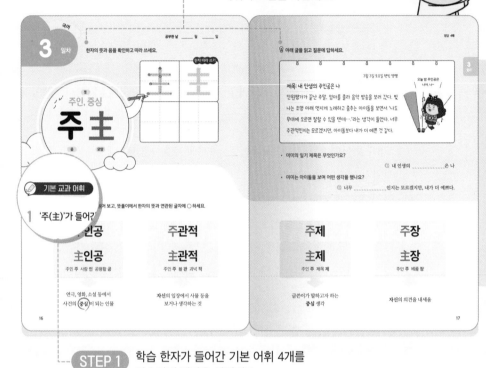

STEP 1 학습 한자가 들어간 기본 어휘 4개를 학습하며 개념을 이해해요.

복습　어휘랑 총정리

- 과목별 기본 학습이 끝날 때마다 학습 어휘를 종합적으로 점검하고, 학습 효과를 높일 수 있는 코너를 제공했습니다.

- '어휘 → 문장 → 문맥' 순으로 점차 확장하며 체계적으로 복습하도록 구성했습니다.

- 선 긋기, 퀴즈, 어휘 퍼즐 등 다양한 활동으로 재미있게 학습 할 수 있습니다.

교과 어휘 확장

2 뜻풀이를 각각 읽고 빈칸을 채워 어휘를 완성하세요.

□고 중요함   문장에서 동작이나 상태의 주인이 되는 말

[　] 요   [　] 어

主

어떤 무리나 물건, 행동의 중심이 되는 것   이야기 속에서 벌어지는 사건을 중심이 되어 이끄는 인물

[　] 체   [　] 동 인물

3 '주(主)'의 뜻을 떠올리며 밑줄 친 곳에 공통으로 들어갈 글자를 쓰세요.

주제는 글쓴이가 말하고자 하는 ___ 생각이야

주요는 ___ 이 되고 중요하다는 의미야.

✎ _____

18

어휘로 문해력 완성

정답 4쪽

4 다음 중 '주(主)'가 ___은 어휘를 찾아 ○ 하세요.

___주장   주요   주체   주유소

5 문장을 각각 읽고 밑줄 친 곳에 들어갈 알맞은 어휘를 찾아 연결하세요.

심심이는 어린이가 에너지 드링크 마시는 것을 금지해야 한다고 _____ 했다.   •

<흥부놀부전>은 착한 마음씨를 가지면 복을 받는다는 _____ 를 나타낸다.   •

문장에서 _____ 는 '누가', '무엇이'에 해당한다.   •

영화의 _____ 은 지구 평화를 위해 악당을 물리쳤다.   •

• 주장

• 주어

• 주인공

• 주제

6 제시된 어휘 중 알맞은 것을 활용하여 문장을 완성하세요.

주요 vs 주어   ✎ '멍멍쌤이 쇼핑을 한다'라는 문장에서 _____ '멍멍쌤'이다.

주제 vs 주장   ✎ 총총이 엄마는 음식을 골고루 먹어야 키가 큰다고 _____

19

4 가로세로 열쇠의 뜻풀이를 읽고 퍼즐을 완성하세요.

			①		
			화(話)		
				②	②
					어(語)
①③					
주(主)					
				④	
			⑤		
			문(文)		

가로 열쇠
① 옛날부터 전해 내려오는 신비로운 이야기
② 생각이나 느낌을 전달하는 데 쓰는 말, 글
③ 자신의 의견을 내세움
④ 여러 개의 문장이 모여 하나의 생각을 나타내는 글의 덩어리

세로 열쇠
① 이야기할 만한 재료나 거리
② 말의 크기, 빠르기, 높낮이에 따른 말의 기운
③ 문장에서 동작이나 상태의 주인이 되는 말
④ 글을 짓는 것

5 보기 속 어휘를 활용하여 문장을 완성하세요.

정답 7쪽

보기
동시   주체   신화   문맥   단어

예시 총총이는 그리스 신화 의 포세이돈처럼 힘이 세면 좋겠다고 생각했다.

✎ 띠띠는 '가을'을 주제로 _____ 지어 친구들에게 들려주었다.

✎ _____ 뜻을 모를 때에는 사전을 찾아보면 알 수 있다.

✎ 가을 운동회는 학생들이 _____ 되어 성공적으로 치러졌다.

✎ 멍멍쌤은 아이들이 쓴 글을 보며 _____ 맞지 않는 부분을 표시했다.

6 제시된 어휘를 활용하여 문장을 만드세요.

주요 → 신문 기사의 제목을 통해 _____

언어 → 심심이는 영어, 중국어 등 여러 _____

31

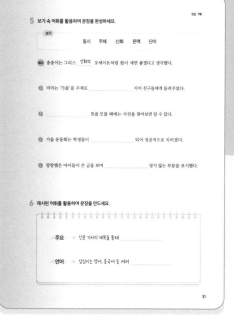

차례

I

국어

童
아이 동

- 아동   · 동요
- 동시   · 동화

文
글월 문

- 문학   · 문장
- 문단   · 기행문

主
주인 주

- 주인공   · 주관적
- 주제   · 주장

話
말할 화

- 대화   · 수화
- 훈화   · 신화

語
말씀 어

- 언어   · 단어
- 어조   · 표준어

한자의 뜻과 음을 확인하고 따라 쓰세요.

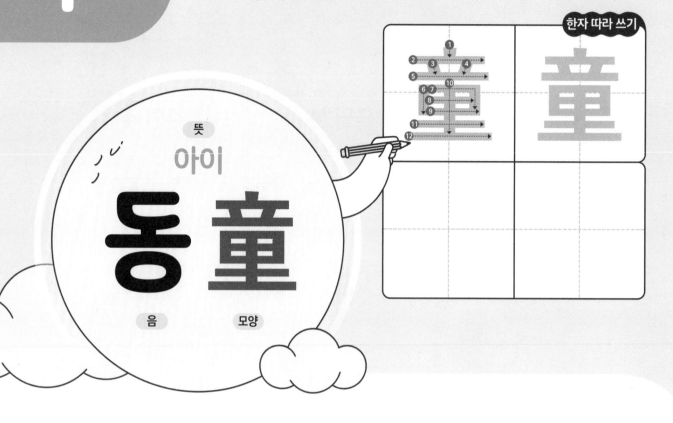

한자 따라 쓰기

뜻
아이

동童

음   모양

✎ 기본 교과 어휘

1 '동(童)'이 들어간 어휘를 읽어 보고, 뜻풀이에서 한자의 뜻과 연관된 글자에 ○ 하세요.

아동

아童

아이 아 아이 동

나이가 적은 (아이)

동요

童요

아이 동 노래 요

어린이의 마음과 감정을 담아
부르는 노래

💡 아래 글을 읽고 질문에 답하세요.

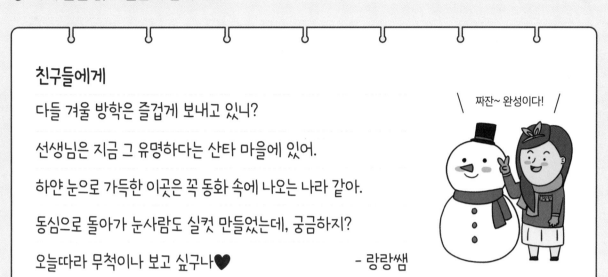

친구들에게

다들 겨울 방학은 즐겁게 보내고 있니?

선생님은 지금 그 유명하다는 산타 마을에 있어.

하얀 눈으로 가득한 이곳은 꼭 동화 속에 나오는 나라 같아.

동심으로 돌아가 눈사람도 실컷 만들었는데, 궁금하지?

오늘따라 무척이나 보고 싶구나♥   – 랑랑쌤

\ 짜잔~ 완성이다! /

• 랑랑쌤은 산타 마을을 무엇이라고 표현했나요?

💬 _____ 속에 나오는 나라

• 랑랑쌤은 어떤 마음으로 눈사람을 만들었나요?

💬 _____으로 돌아가 만들었다.

동시
童시
아이 **동** 시 **시**

어린이를 위해 그들의 생각과
감정을 나타낸 시

동화
童화
아이 **동** 말할 **화**

글쓴이가 있음 직한 일을 상상하여
어린이를 위해 쓴 이야기

2 뜻풀이를 각각 읽고 빈칸을 채워 어휘를 완성하세요.

어린이의 마음을 바탕으로 해서
옛날부터 전해 내려오는 이야기

전래 ☐ 화

글쓴이가 상상력으로
어린이를 위해 만든 이야기

창작 ☐ 화

童

장난이 심한 아이

악 ☐

아이의 마음

☐ 심

3 '동(童)'의 뜻을 떠올리며 밑줄 친 곳에 공통으로 들어갈 글자를 쓰세요.

동요는 _____의 마음과 감정을 담아 부르는 노래예요.

창작 동화는 글쓴이가 상상력으로 _____를 위해 만든 이야기를 말해.

_____

4 다음 중 '동(童)'이 쓰이지 않은 어휘를 찾아 ○ 하세요.

동화   동심   동시   악동   운동

5 문장을 각각 읽고 밑줄 친 곳에 들어갈 알맞은 어휘를 찾아 연결하세요.

멍멍이가 피아노 반주에 맞춰 _____를 불렀다.	동심
랑랑쌤은 _____으로 돌아가 아이들과 눈싸움을 했다.	동요
서점에 간 심심이는 _____ 분야에서 학습만화를 골랐다.	창작 동화
현대 _____는 누가 지었는지 확실하게 알려져 있다.	아동

6 제시된 어휘 중 알맞은 것을 활용하여 문장을 완성하세요.

동시
vs
동심

✎ _____ 쓸 때는 어린이가 이해할 수 있는 말과 생각, 감정을 담아야 한다.

전래 **동화**
vs
창작 **동화**

✎ _____ <선녀와 나무꾼>처럼 오래전부터 전해 내려와 누가 지었는지 알 수 없는 경우가 많다.

11

공부한 날 _____월 _____일

한자의 뜻과 음을 확인하고 따라 쓰세요.

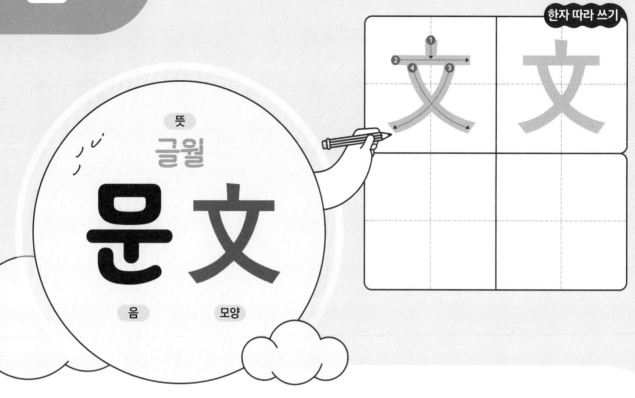

한자 따라 쓰기

뜻
글월

문文

음   모양

✏️ 기본 교과 어휘

1 '문(文)'이 들어간 어휘를 읽어 보고, 뜻풀이에서 한자의 뜻과 연관된 글자에 ◯ 하세요.

문학

文학

글월 **문** 배울 **학**

생각이나 감정을
(글)로 표현한 예술 작품

문장

文장

글월 **문** 글월 **장**

생각이나 감정을 말과 **글**로
완성시켜 나타내는 최소의 단위

12

💡 아래 글을 읽고 질문에 답하세요.

심심이와 총총이의 대화

심심 랑랑쌤이 내 주신 작문 숙제 주제 정했어?

총총 그럼. 어젯밤에 명명이가 수박을 많이 먹는다

싶더니 글쎄, 세계 지도를 그린 거야.

이걸 놓칠 순 없지.

심심 재밌겠다! 어떤 문장으로 나올지 기대되는걸.

명명이 너
딱 걸렸어!

• 심심이와 총총이는 무엇에 대해 이야기하고 있나요?

    ✎ 랑랑쌤이 내 주신 _____ 숙제 주제

• 총총이가 앞으로 할 일은 무엇인가요?

    ✎ 재미있는 내용과 _____ 만들기

문단

文단

글월 **문** 구분 **단**

여러 개의 문장이 모여 하나의
생각을 나타내는 **글**의 덩어리

기행문

기행文

벼리 **기** 다닐 **행** 글월 **문**

여행하면서 보고, 듣고, 느끼고,
겪은 것을 적은 **글**

13

2 뜻풀이를 각각 읽고 빈칸을 채워 어휘를 완성하세요.

글에 나타난 의미의 앞뒤 연결

⬚ 맥

글을 짓는 것

작 ⬚

文

실제 있었던 사건, 사실을
정확하게 전달하기 위해 쓴 글

기사 ⬚

연극 대본에서 인물의 동작,
표정, 말투를 나타내는 글

지 ⬚

3 '문(文)'의 뜻을 떠올리며 밑줄 친 곳에 공통으로 들어갈 글자를 쓰세요.

문학은 생각이나 감정을
＿＿＿로 표현한 예술
작품이야.

문맥은 ＿＿＿에 나타난
의미의 앞뒤 연결을
말하지.

4 다음 중 '문(文)'이 쓰이지 않은 어휘를 찾아 ○ 하세요.

> 문장   문학   문제   문맥   지문

5 문장을 각각 읽고 밑줄 친 곳에 들어갈 알맞은 어휘를 찾아 연결하세요.

미미는 국어 시간에 '내가 좋아하는 계절'을 주제로 _____ 을 했다.	문단
_____ 이 끝날 때는 온점(.)이나 물음표(?), 느낌표(!)를 사용한다.	문장
연극 페스티벌에 참가한 심심이는 대본 속 _____ 을 보고 몸짓과 표정을 고민했다.	작문
'탕후루'를 설명하는 글을 쓸 때 탕후루의 역사, 인기 있는 이유 등으로 _____ 을 나누면 이해하기가 쉽다.	지문

6 제시된 어휘 중 알맞은 것을 활용하여 문장을 완성하세요.

문장
VS
문단

💬 긴 글을 쓸 때는 _____ 나누면 내용을

효과적으로 전달할 수 있다.

기행문
VS
기사문

💬 어린이날 총총이와 명명이는 놀이공원에 다녀온 뒤

_____ 썼다.

3 일차

한자의 뜻과 음을 확인하고 따라 쓰세요.

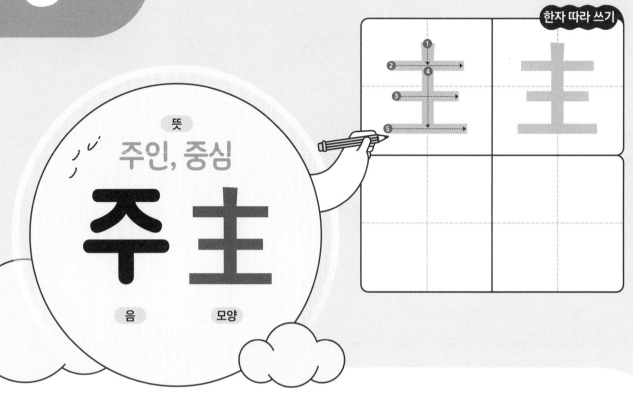

한자 따라 쓰기

뜻
주인, 중심

주 主

음   모양

✏️ 기본 교과 어휘

1 '주(主)'가 들어간 어휘를 읽어 보고, 뜻풀이에서 한자의 뜻과 연관된 글자에 ○ 하세요.

주인공

主인공

주인 **주** 사람 **인** 공평할 **공**

⬇️

연극, 영화, 소설 등에서
사건의 (중심)이 되는 인물

주관적

主관적

주인 **주** 볼 **관** 과녁 **적**

⬇️

자신의 입장에서 사물 등을
보거나 생각하는 것

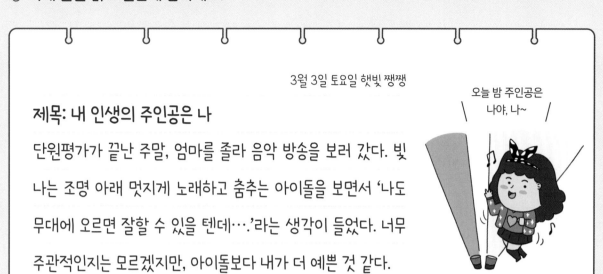

💡 아래 글을 읽고 질문에 답하세요.

3월 3일 토요일 햇빛 쨍쨍

제목: 내 인생의 주인공은 나

단원평가가 끝난 주말, 엄마를 졸라 음악 방송을 보러 갔다. 빛
나는 조명 아래 멋지게 노래하고 춤추는 아이돌을 보면서 '나도
무대에 오르면 잘할 수 있을 텐데…'라는 생각이 들었다. 너무
주관적인지는 모르겠지만, 아이돌보다 내가 더 예쁜 것 같다.

오늘 밤 주인공은
나야, 나~

3
일차

- 미미의 일기 제목은 무엇인가요?

  ✏️ 내 인생의 _____은 나

- 미미는 아이돌을 보며 어떤 생각을 했나요?

  ✏️ 너무 _____인지는 모르겠지만, 내가 더 예쁘다.

주제

主제

주인 **주** 제목 **제**

글쓴이가 말하고자 하는
중심 생각

주장

主장

주인 **주** 베풀 **장**

자신의 의견을 내세움

17

2 뜻풀이를 각각 읽고 빈칸을 채워 어휘를 완성하세요.

중심이 되고 중요함

☐ 요

문장에서 동작이나 상태의
주인이 되는 말

☐ 어

主

어떤 무리나 물건, 행동의
중심이 되는 것

☐ 체

이야기 속에서 벌어지는 사건을
중심이 되어 이끄는 인물

☐ 동 인물

3 '주(主)'의 뜻을 떠올리며 밑줄 친 곳에 공통으로 들어갈 글자를 쓰세요.

주제는 글쓴이가 말하고자
하는 _____ 생각이야.

주요는 _____ 이 되고
중요하다는 의미야.

3
일차

4 다음 중 '주(主)'가 쓰이지 않은 어휘를 찾아 ○ 하세요.

> 주인공   주장   주요   주체   주유소

5 문장을 각각 읽고 밑줄 친 곳에 들어갈 알맞은 어휘를 찾아 연결하세요.

심심이는 어린이가 에너지 드링크 마시는 것을 금지해야 한다고 _____ 했다.   •

•   주장

<콩쥐팥쥐전>은 착한 마음씨를 가지면 복을 받는다는 _____를 나타낸다.   •

•   주어

문장에서 _____는 '누가', '무엇이'에 해당한다.   •

•   주인공

영화의 _____은 지구 평화를 위해 악당을 물리쳤다.   •

•   주제

6 제시된 어휘 중 알맞은 것을 활용하여 문장을 완성하세요.

주요
VS
주어

💬 '랑랑쌤이 쇼핑을 한다'라는 문장에서 _____

'랑랑쌤'이다.

주제
VS
주장

💬 총총이 엄마는 음식을 골고루 먹어야 키가 큰다고

_____

한자의 뜻과 음을 확인하고 따라 쓰세요.

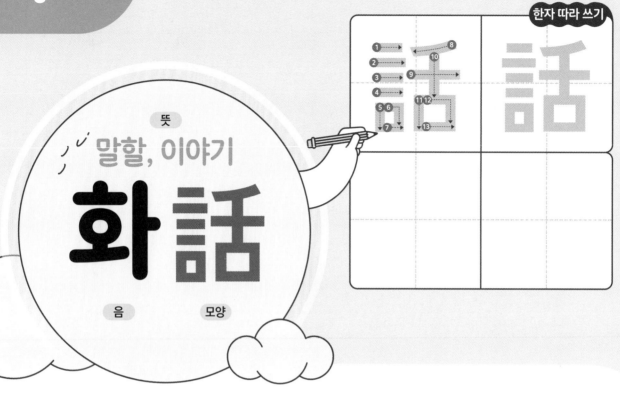

한자 따라 쓰기

뜻
말할, 이야기

화 話

음   모양

🖋 기본 교과 어휘

1 '화(話)'가 들어간 어휘를 읽어 보고, 뜻풀이에서 한자의 뜻과 연관된 글자에 ○ 하세요.

대화

대話

대할 **대** 말할 **화**

서로 마주하여
주고받는 **이야기**

수화

수話

손 **수** 말할 **화**

손짓이나 몸짓, 표정 등을
사용하여 **이야기**를 주고받는 것

💡 아래 글을 읽고 질문에 답하세요.

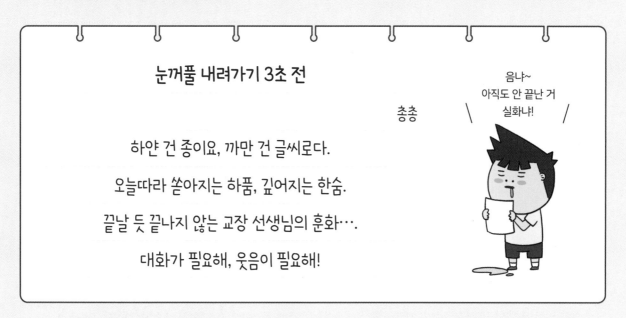

• 총총이의 눈꺼풀이 내려가는 이유는 무엇인가요?

💬 교장 선생님의 긴 _____ 때문이다.

• 총총이의 하품과 한숨을 막기 위해서 필요한 것은 무엇인가요?

💬 _____와 웃음이 필요하다.

훈화

훈話

가르칠 **훈** 말할 **화**

교훈이 담겨 있는 **말**

신화

신話

귀신 **신** 말할 **화**

옛날부터 전해 내려오는
신비로운 **이야기**

2 뜻풀이를 각각 읽고 빈칸을 채워 어휘를 완성하세요.

동물이나 식물, 사물을 사람에
빗대 교훈을 주는 이야기

우[ ]

세상에 널리 알려지지 않은
흥미로운 이야기

일[ ]

話

이야기할 만한 재료나 거리

[ ]제

말이나 글을 펼쳐 가는 법

[ ]법

3 '화(話)'의 뜻을 떠올리며 밑줄 친 곳에 공통으로 들어갈 글자를 쓰세요.

신화는 옛날부터 전해
내려오는 신비로운
_____ 야.

화제는 _____ 할 만한
재료나 거리를 말해.

22

4 다음 중 '화(話)'가 쓰이지 않은 어휘를 찾아 ○ 하세요.

수화   일화   화목   화법   화제

5 문장을 각각 읽고 밑줄 친 곳에 들어갈 알맞은 어휘를 찾아 연결하세요.

미미는 빙빙 돌려 말하는 심심이의 _____ 때문에 답답했다.   ·   ·   화법

웃어른과 _____ 할 땐 공손한 태도를 가져야 한다.   ·   ·   우화

아이들은 조회 시간마다 선생님께 예절에 대한 _____를 듣는다.   ·   ·   대화

개미와 베짱이에 대한 _____는 게으름이 가져오는 결과를 보여 준다.   ·   ·   훈화

6 제시된 어휘 중 알맞은 것을 활용하여 문장을 완성하세요.

화제
VS
화법

✎ 메가 치킨은 튀기지 않고 구웠는데도 바삭하고 맛있어서

_____ 되었다.

신화
VS
일화

✎ 단군 _____ 곰은 백 일 동안 동굴에서

쑥과 마늘만 먹고 사람이 되었다.

한자의 뜻과 음을 확인하고 따라 쓰세요.

한자 따라 쓰기

뜻
말씀

어 語

음   모양

🖊 기본 교과 어휘

1 '어(語)'가 들어간 어휘를 읽어 보고, 뜻풀이에서 한자의 뜻과 연관된 글자에 ◯ 하세요.

언어

언語

말씀 언 말씀 어

생각이나 느낌을 전달하는 데
쓰는 (말,) 글

단어

단語

홀 단 말씀 어

뜻을 가지고 홀로 쓰일 수 있는
말의 단위

24

💡 아래 글을 읽고 질문에 답하세요.

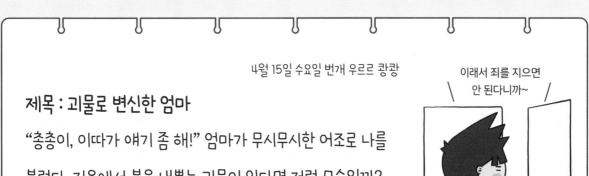

4월 15일 수요일 번개 우르르 쾅쾅

이래서 죄를 지으면 안 된다니까~

제목 : 괴물로 변신한 엄마

"총총이, 이따가 얘기 좀 해!" 엄마가 무시무시한 어조로 나를 불렀다. 지옥에서 불을 내뿜는 괴물이 있다면 저런 모습일까? 숙제 안 하고 컴퓨터를 한 게 걸린 걸까? 아니면 어제 나도 모르게 비속어를 쓴 걸 들으셨나? 벌써부터 심장이 쿵쾅거린다.

• 총총이가 엄마를 괴물로 표현한 이유는 무엇인가요?

    💬 무서운 ＿＿＿＿＿＿＿로 총총이를 불렀기 때문이다.

• 어제 총총이는 무슨 행동을 했나요?

    💬 자신도 모르게 ＿＿＿＿＿＿＿를 썼다.

어조

語조

말씀 어 고를 조

말의 크기, 빠르기,
높낮이에 따른 **말**의 기운

표준어

표준語

표 표 준할 준 말씀 어

한 나라에서 기준으로 정해
사용하는 **말**

2 뜻풀이를 각각 읽고 빈칸을 채워 어휘를 완성하세요.

원래 우리말에 있었거나 그것을
바탕으로 만들어진 순우리말

고유 ☐

다른 나라의 말이 들어와서
우리말처럼 쓰이는 말

외래 ☐

語

한자를 바탕으로 만들어진 말

한자 ☐

수준이 낮은 속된 말

비속 ☐

3 '어(語)'의 뜻을 떠올리며 밑줄 친 곳에 공통으로 들어갈 글자를 쓰세요.

단어는 뜻을 가지고 홀로
쓰일 수 있는 _____의
단위야.

표준어는 한 나라에서
기준으로 정해 사용하는
_____을 가리키지.

4 다음 중 '어(語)'가 쓰이지 않은 어휘를 찾아 ◯ 하세요.

언어　　　한자어　　　어조　　　외래어　　　어부

5 문장을 각각 읽고 밑줄 친 곳에 들어갈 알맞은 어휘를 찾아 연결하세요.

명명이는 기쁠 때, 슬플 때, 화날 때마다 _____가 달라진다. ·

· 비속어

_____를 사용하면 다른 사람에게 불쾌감을 준다. ·

· 어조

'무지개', '불고기', '주머니'는 예로부터 존재하던 _____이다. ·

· 표준어

우리나라에서는 교양 있는 사람들이 두루 쓰는 현대 서울말이 _____이다. ·

· 고유어

6 제시된 어휘 중 알맞은 것을 활용하여 문장을 완성하세요.

언어
vs
단어

💬 '미미는 치킨을 먹었다'라는 문장에서 '미미', '는', '치킨', '을', '먹었다'
는 모두 _____

외래어
vs
한자어

💬 국어사전을 검색하면 '휴지통', '색연필', '공책'과 같은
_____ 절반 이상을 차지한다.

27

어휘랑 총정리

1 빈칸에 공통으로 들어가는 글자를 찾아 연결하세요.

제

동 인물

•   • 아이 동(童)

아

전래 화

•   • 주인 주(主)

외래

조

•   • 말씀 어(語)

2 문장을 각각 읽고 내용에 알맞은 어휘를 골라 ○ 하세요.

📢 <혹부리 영감>처럼 우리나라 (동시 / 동심 / 동요 / 전래 동화)에는 도깨비가 등장하기도 한다.

📢 멍멍이가 드라마 속 (주인공 / 주장 / 주어 / 주제)의 목소리를 흉내 내었다.

📢 심심이는 듣지 못하는 친구를 위해 (훈화 / 수화 / 화제 / 우화)를 배웠다.

📢 외래어는 (비속어 / 고유어 / 단어 / 어조)와 반대로 외국에서 들어온 말이다.

3 채팅 속 빈칸에 들어갈 글자를 쓰고, 같은 한자가 들어간 어휘를 찾아 묶으세요.

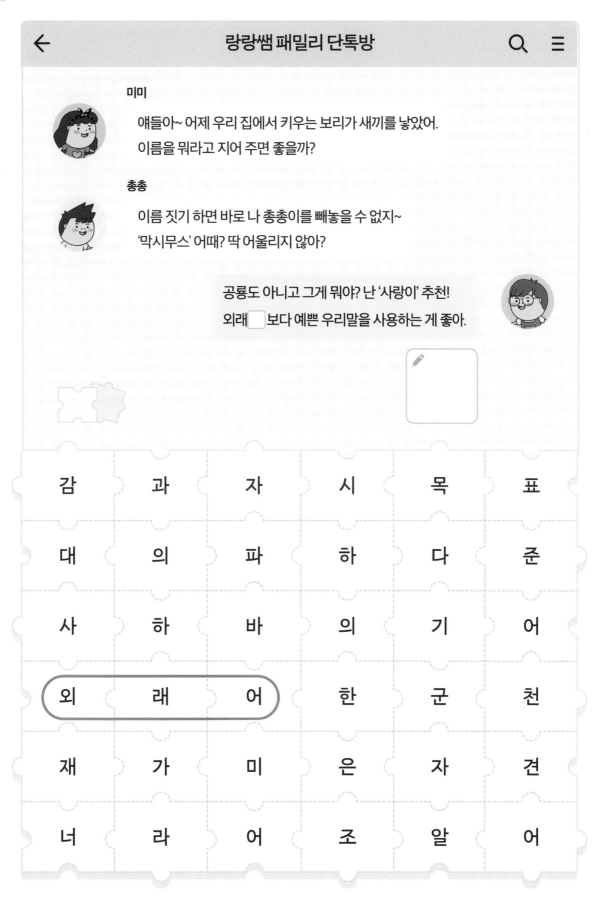

랑랑쌤 패밀리 단톡방

미미
얘들아~ 어제 우리 집에서 키우는 보리가 새끼를 낳았어.
이름을 뭐라고 지어 주면 좋을까?

총총
이름 짓기 하면 바로 나 총총이를 빼놓을 수 없지~
'막시무스' 어때? 딱 어울리지 않아?

공룡도 아니고 그게 뭐야? 난 '사랑이' 추천!
외래 ☐ 보다 예쁜 우리말을 사용하는 게 좋아.

감	과	자	시	목	표
대	의	파	하	다	준
사	하	바	의	기	어
외	래	어	한	군	천
재	가	미	은	자	견
너	라	어	조	알	어

29

4 가로세로 열쇠의 뜻풀이를 읽고 퍼즐을 완성하세요.

		❶	❶ 화(話)		
				❷	❷ 어(語)
❸❸ 주(主)					
				❹	
				❹ 문(文)	

🔑 **가로 열쇠**

❶ 옛날부터 전해 내려오는 신비로운 이야기

❷ 생각이나 느낌을 전달하는 데 쓰는 말, 글

❸ 자신의 의견을 내세움

❹ 여러 개의 문장이 모여 하나의 생각을 나타내는 글의 덩어리

🔑 **세로 열쇠**

❶ 이야기할 만한 재료나 거리

❷ 말의 크기, 빠르기, 높낮이에 따른 말의 기운

❸ 문장에서 동작이나 상태의 주인이 되는 말

❹ 글을 짓는 것

30

5 보기 속 어휘를 활용하여 문장을 완성하세요.

> **보기**
>
> 동시   주체   신화   문맥   단어

예시 총총이는 그리스 <u>신화의</u> 포세이돈처럼 힘이 세면 좋겠다고 생각했다.

💬 미미는 '가을'을 주제로 ＿＿＿＿＿＿＿＿＿ 지어 친구들에게 들려주었다.

💬 ＿＿＿＿＿＿＿＿＿ 뜻을 모를 때에는 사전을 찾아보면 알 수 있다.

💬 가을 운동회는 학생들이 ＿＿＿＿＿＿＿＿＿ 되어 성공적으로 치러졌다.

💬 랑랑쌤은 아이들이 쓴 글을 보며 ＿＿＿＿＿＿＿＿＿ 맞지 않는 부분을 표시했다.

6 제시된 어휘를 활용하여 문장을 만드세요.

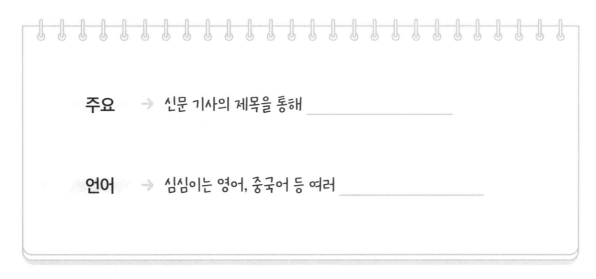

주요 → 신문 기사의 제목을 통해 ＿＿＿＿＿＿＿＿＿

언어 → 심심이는 영어, 중국어 등 여러 ＿＿＿＿＿＿＿＿＿

II

사회·역사

매일 4쪽씩
재미있게 공부해요!

家
집 가

- 가정   · 가계부
- 초가집   · 핵가족

地
땅 지

- 지도   · 지역
- 지방   · 관광지

事
일 사

- 농사   · 사건
- 사고   · 행사

村
마을 촌

- 농촌   · 어촌
- 민속촌   · 지구촌

土
흙 토

- 황토   · 토기
- 토지   · 토종

民
백성 민

- 국민   · 민족
- 주민   · 민원

國
나라 국

- 국가   · 국기
- 국군   · 국경일

人
사람 인

- 인간   · 인기
- 인구   · 상인

金
쇠 금

- 요금   · 저금
- 세금   · 현금

공부한 날 _____ 월 _____ 일

한자의 뜻과 음을 확인하고 따라 쓰세요.

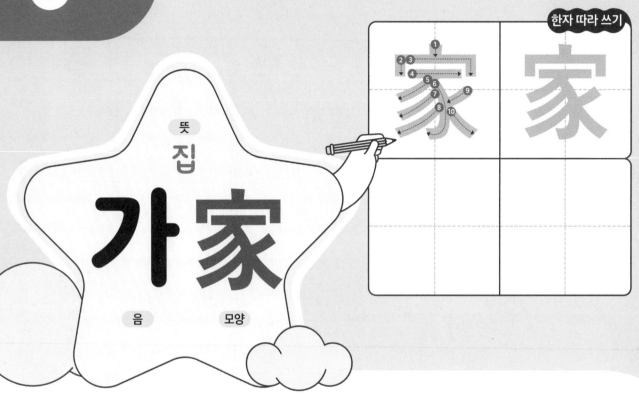

한자 따라 쓰기

뜻
집
가 家
음   모양

✏️ 기본 교과 어휘

1 '가(家)'가 들어간 어휘를 읽어 보고, 뜻풀이에서 한자의 뜻과 연관된 글자에 ○ 하세요.

가정

家정

집 가 뜰 정

한 가족이 모여 생활하는
(집)이나 무리

가계부

家계부

집 가 꾀할 계 장부 부

집안 살림과 관련하여 얼마를 벌었는지,
얼마나 썼는지를 적는 책

💡 아래 글을 읽고 질문에 답하세요.

민속촌을 다녀와서

옛날 사람들이 살았던 모습을 조사하기 위해 민속촌으로 현장 학습을 갔다. 초가집이 제일 궁금했는데 직접 볼 수 있다고 해서 설렜다. 도착해 보니, 다른 전통 가옥도 많아서 꼭 타임머신을 타고 옛날로 간 느낌이었다. 언젠가는 내 꿈인 배우가 되어 민속촌에서 사극도 찍어 보고 싶다.

어허~ 이 구역 미녀가 나타났는데 왜 아무도 없느냐?!

6
일차

* 미미는 어떤 기대로 민속촌에 갔나요?

✐ _____을 직접 볼 생각에 설렜다.

* 미미가 타임머신을 타고 옛날로 간 느낌을 받은 이유는 무엇인가요?

✐ 전통 _____이 많았기 때문이다.

초가집

초家집

풀 초 집 가 집

짚이나 갈대 등을 엮어
지붕을 만든 **집**

핵가족

핵家족

씨 핵 집 가 겨레 족

부부와 결혼하지 않은 자녀로
이루어진 **가족**

2 뜻풀이를 각각 읽고 빈칸을 채워 어휘를 완성하세요.

사람이 사는 집

☐옥

부부와 결혼한 자녀가
함께 사는 가족

확대☐족

家

남북 분단 등의 이유로 흩어져
서로 소식을 모르는 가족

이산☐족

서로 다른 국적, 문화를 가진
사람들로 이루어진 가족

다문화☐족

3 '가(家)'의 뜻을 떠올리며 밑줄 친 곳에 공통으로 들어갈 글자를 쓰세요.

초가집은 짚이나 갈대
등을 엮어 지붕을 만든
_____이야.

가옥은 사람이 사는
_____을 말하지.

4 다음 중 '가(家)'가 쓰이지 않은 어휘를 찾아 ○ 하세요.

가옥   다문화 가족   가수   가정   핵가족

6
일차

5 문장을 각각 읽고 밑줄 친 곳에 들어갈 알맞은 어휘를 찾아 연결하세요.

남부 지방에서는 더운 날씨 때문에 전통적으로 바람이 잘 통하는 일자형 _____을 지었다. •   • 가계부

양반들은 주로 기와집에 살았고, 대부분의 백성들은 _____에 살았다. •   • 가옥

6·25 전쟁으로 인해 우리나라에는 많은 _____이 생겼다. •   • 이산 가족

총총이 엄마는 장을 볼 때마다 그날 산 물건과 사용한 돈을 _____에 적는다. •   • 초가집

6 제시된 어휘 중 알맞은 것을 활용하여 문장을 완성하세요.

가정
VS
가옥

✎ 혼자 살거나 부부끼리 혹은 할머니와 손자만 사는 등

_____ 형태는 집집마다 다르다.

핵가족
VS
확대 가족

✎ 옛날에는 부모님뿐 아니라 할머니, 할아버지, 고모, 삼촌까지 함께

사는 _____ 많았다.

한자의 뜻과 음을 확인하고 따라 쓰세요.

뜻
땅

지 地

음   모양

한자 따라 쓰기

✏️ 기본 교과 어휘

1 '지(地)'가 들어간 어휘를 읽어 보고, 뜻풀이에서 한자의 뜻과 연관된 글자에 ○ 하세요.

지도

地도

땅 **지** 그림 **도**

🔵 **땅** 의 모습을 일정한 비율로
줄여서 나타낸 그림

지역

地역

땅 **지** 지경 **역**

어떤 기준에 따라 나눈 **땅**

💡 **아래 글을 읽고 질문에 답하세요.**

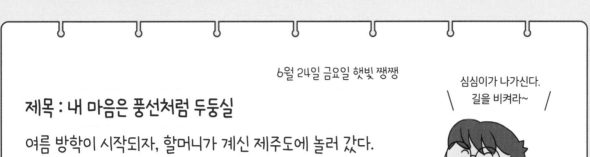

6월 24일 금요일 햇빛 쨍쨍

제목 : 내 마음은 풍선처럼 두둥실

여름 방학이 시작되자, 할머니가 계신 제주도에 놀러 갔다. 학원도 안 가고 이게 웬 떡이람! 눈앞에 탁 트인 해수욕장을 보니 마음이 풍선처럼 부풀어 올랐다. 동굴, 폭포 같은 특이한 지형도 많다는데, 내일은 어떤 관광지부터 가게 될지 설렌다.

심심이가 나가신다. 길을 비켜라~

7 일차

- 제주도는 어떤 특징이 있나요?

    ✏ 동굴, 폭포 같은 특이한 _____이 많다.

- 심심이가 설렌 이유는 무엇인가요?

    ✏ 내일 갈 _____를 떠올렸기 때문이다.

지방

地방

땅 **지** 모 **방**

어느 방면의 **땅**
또는 서울 이외의 **땅**

관광지

관광地

볼 **관** 빛 **광** 땅 **지**

경치가 뛰어나거나 관광할 만한 **곳**

2 뜻풀이를 각각 읽고 빈칸을 채워 어휘를 완성하세요.

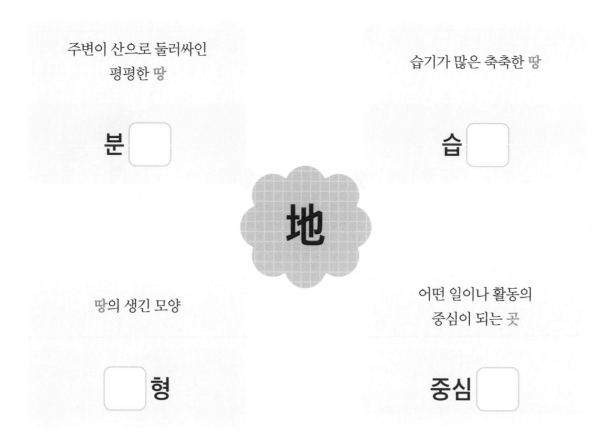

주변이 산으로 둘러싸인
평평한 땅

분 ☐

습기가 많은 축축한 땅

습 ☐

地

땅의 생긴 모양

☐ 형

어떤 일이나 활동의
중심이 되는 곳

중심 ☐

3 '지(地)'의 뜻을 떠올리며 밑줄 친 곳에 공통으로 들어갈 글자를 쓰세요.

지역은 어떤 기준에 따라
나눈 _____이야.

지형은 _____의 생긴
모양을 말하지.

_____

4 다음 중 '지(地)'가 쓰이지 않은 어휘를 찾아 ○ 하세요.

지역　　　관광지　　　습지　　　지도　　　지식

5 문장을 각각 읽고 밑줄 친 곳에 들어갈 알맞은 어휘를 찾아 연결하세요.

주말 아침, 랑랑쌤과 아이들이 올랐던 산의 _____ 은 꼬불꼬불하고 가팔랐다.　　•　　•　　지방

_____ 는 하천이나 늪, 연못으로 둘러싸여 있다.　　•　　•　　지도

겨울철 눈이 많이 내리는 _____ 에 스키장이 있다.　　•　　•　　습지

_____ 에는 중요한 건물, 도로, 산, 바다 등 대표적인 것들만 나타낸다.　　•　　•　　지형

6 제시된 어휘 중 알맞은 것을 활용하여 문장을 완성하세요.

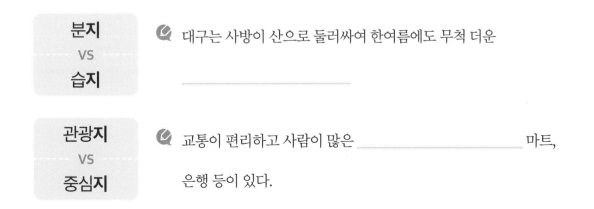

분지
VS
습지

💬 대구는 사방이 산으로 둘러싸여 한여름에도 무척 더운

_____

관광지
VS
중심지

💬 교통이 편리하고 사람이 많은 _____ 마트,

은행 등이 있다.

8 일차

한자의 뜻과 음을 확인하고 따라 쓰세요.

한자 따라 쓰기

뜻 **일**

사事

음 **사** 모양

✏️ 기본 교과 어휘

1 '사(事)'가 들어간 어휘를 읽어 보고, 뜻풀이에서 한자의 뜻과 연관된 글자에 ○ 하세요.

농사

농事

농사 **농** 일 **사**

곡식, 과일, 채소 등을 심어
기르고 거두는 (일)

사건

事건

일 **사** 사건 **건**

사회적으로 문제를 일으키거나
주목받을 만한 뜻밖의 **일**

💡 아래 글을 읽고 질문에 답하세요.

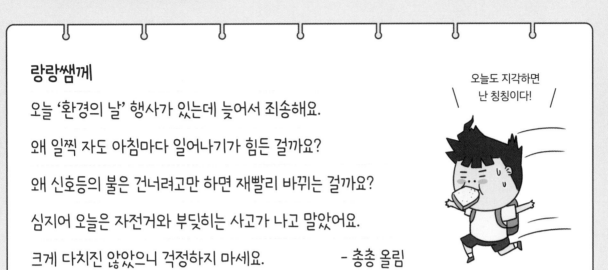

랑랑쌤께

오늘 '환경의 날' 행사가 있는데 늦어서 죄송해요.

왜 일찍 자도 아침마다 일어나기가 힘든 걸까요?

왜 신호등의 불은 건너려고만 하면 재빨리 바뀌는 걸까요?

심지어 오늘은 자전거와 부딪히는 사고가 나고 말았어요.

크게 다치진 않았으니 걱정하지 마세요.　　　　　　- 총총 올림

오늘도 지각하면
난 칭칭이다!

8
일차

• 총총이는 오늘 왜 지각했나요?

　　　　　　　　　✎ 자전거와 부딪히는 ＿＿＿＿＿＿가 났기 때문이다.

• 오늘 학교에서는 어떤 일이 예정되어 있나요?

　　　　　　　　　✎ 환경의 날 ＿＿＿＿＿＿가 있을 예정이다.

사고

事고

일 **事** 옛 **고**

뜻밖에 일어난 불행한 **일**

행사

행事

다닐 **행** 일 **事**

어떤 **일**을 행함

2 뜻풀이를 각각 읽고 빈칸을 채워 어휘를 완성하세요.

살림살이에 관한 일

가[ ]

축하할 만한 기쁜 일

경[ ]

事

비참하고 끔찍한 일

참[ ]

일이 되어 가는 상황이나 상태

[ ]태

3 '사(事)'의 뜻을 떠올리며 밑줄 친 곳에 공통으로 들어갈 글자를 쓰세요.

사고는 뜻밖에 일어난 불행한 _____이야.

가사는 살림살이에 관한 _____을 말해.

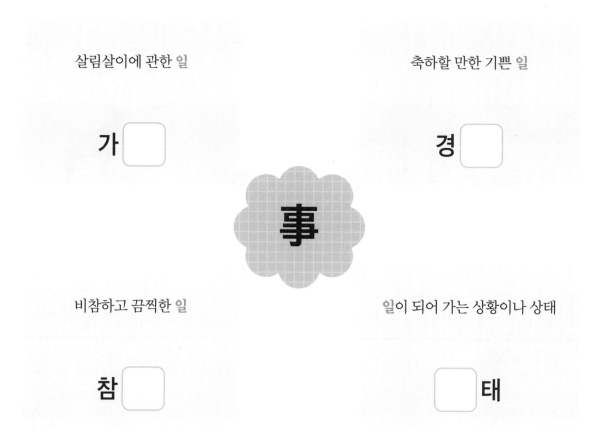

정답 **10쪽**

4 다음 중 '사(事)'가 쓰이지 않은 어휘를 찾아 ◯ 하세요.

행사　　경사　　사진　　사고　　사태

5 문장을 각각 읽고 밑줄 친 곳에 들어갈 알맞은 어휘를 찾아 연결하세요.

집안 _____에는 생일잔치, 장례식, 제사 등이 있다.　　•

•　경사

총총이 아빠가 회사에서 승진하여 집안에 _____가 생겼다.　　•

•　행사

가뭄이 심해지자, 물 부족 _____가 벌어졌다.　　•

•　사건

명명이네 반에서 발생한 도난 _____으로 학교가 발칵 뒤집혔다.　　•

•　사태

6 제시된 어휘 중 알맞은 것을 활용하여 문장을 완성하세요.

행사
VS
참사

✐ 산이 무너져 수많은 사람이 죽고 다치는 _____

일어났다.

농사
VS
가사

✐ 올해는 _____ 잘되어 농부들의 얼굴이 밝았다.

한자의 뜻과 음을 확인하고 따라 쓰세요.

한자 따라 쓰기

뜻
마을
촌 村
음   모양

✏️ 기본 교과 어휘

1 '촌(村)'이 들어간 어휘를 읽어 보고, 뜻풀이에서 한자의 뜻과 연관된 글자에 ○ 하세요.

농촌   어촌

농村   어村

농사 농 마을 촌   고기잡을 어 마을 촌

농사를 짓는 사람들이   고기잡이를 하는 사람들이
모여 사는 마을   모여 사는 바닷가 마을

46

💡 아래 글을 읽고 질문에 답하세요.

부모님께

엄마, 아빠! 저는 어른이 되면 미스코리아가 되고 싶어요.
지구촌 곳곳에 빛나는 이 미모를 알리고 싶거든요. 깊은 산촌에
가도 모르는 사람이 없을 정도로 말이에요. 친구 심심이는 꿈이
너무 야무지다고 하지만 원래 꿈은 클수록 좋은 거 아니겠어요?
저는 반드시 이루어 낼 거예요!   - 미미 올림

내 미모는
세계 공통이야!

• 미미의 꿈은 무엇인가요?

　　　　　✎ 미스코리아가 되어 ＿＿＿＿＿＿＿ 곳곳에 미모를 알리고 싶다.

• 미미는 얼마나 유명해지고 싶나요?

　　　　　✎ 깊은 ＿＿＿＿＿＿＿ 에도 모르는 사람이 없을 만큼 유명해지고 싶다.

민속촌

민속村

백성 **민** 풍속 속 마을 **촌**

전통을 지키고 보여 주기 위해
옛날 모습을 그대로 간직한 **마을**

지구촌

지구村

땅 **지** 공구 마을 **촌**

지구 전체를 한 **마을**처럼
가깝게 여기는 말

2 뜻풀이를 각각 읽고 빈칸을 채워 어휘를 완성하세요.

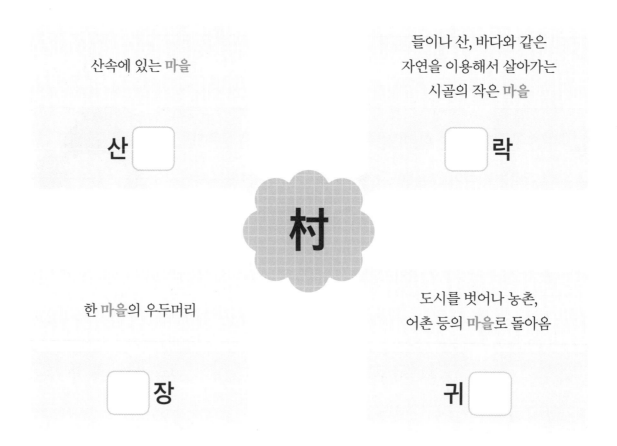

산속에 있는 마을

산 ☐

들이나 산, 바다와 같은
자연을 이용해서 살아가는
시골의 작은 마을

☐ 락

村

한 마을의 우두머리

☐ 장

도시를 벗어나 농촌,
어촌 등의 마을로 돌아옴

귀 ☐

3 '촌(村)'의 뜻을 떠올리며 밑줄 친 곳에 공통으로 들어갈 글자를 쓰세요.

지구촌은 지구 전체를
한 _____ 처럼 가깝게
여기는 말이야.

촌장은 한 _____의
우두머리를 가리키지.

48

4 다음 중 '촌(村)'이 쓰이지 않은 어휘를 찾아 ◯ 하세요.

귀촌   민속촌   사촌   촌장   지구촌

5 문장을 각각 읽고 밑줄 친 곳에 들어갈 알맞은 어휘를 찾아 연결하세요.

바닷가 주위의 ＿＿＿에서는 생선이나 조개, 미역 등이 많이 난다. ・   ・ 민속촌

＿＿＿에 사는 노인의 수는 늘어나는 반면 어린이의 수는 줄어들고 있다. ・   ・ 산촌

높은 산으로 둘러싸인 ＿＿＿에서는 나무를 베거나 산나물을 캔다. ・   ・ 촌락

심심이는 ＿＿＿에서 우리나라 전통 놀이와 문화를 체험했다. ・   ・ 어촌

6 제시된 어휘 중 알맞은 것을 활용하여 문장을 완성하세요.

농촌
vs
어촌

✒ 가을이 되면 ＿＿＿＿＿＿＿＿＿＿ 익은 곡식을 거두어들인다.

산촌
vs
귀촌

✒ 최근 도시에서 살다가 여유로운 생활을 찾아 농촌으로 ＿＿＿＿＿＿＿＿＿＿ 사람들이 늘어났다.

한자의 뜻과 음을 확인하고 따라 쓰세요.

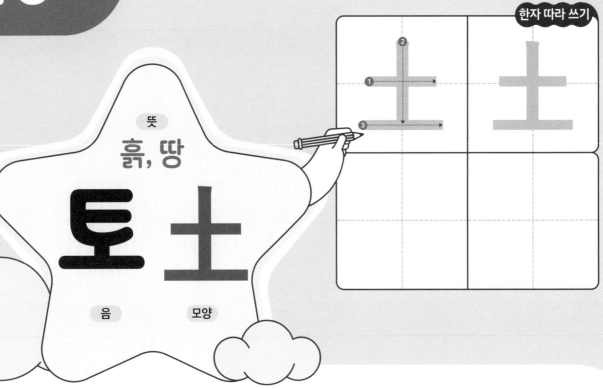

뜻
흙, 땅
토 土
음　　모양

한자 따라 쓰기

✏️ 기본 교과 어휘

1 '토(土)'가 들어간 어휘를 읽어 보고, 뜻풀이에서 한자의 뜻과 연관된 글자에 ◯ 하세요.

황**토**

황**土**

누를 황 흙 **토**

누렇고 거무스름한 흙

토기

土기

흙 **토** 그릇 기

흙으로 만든 그릇

💡 아래 글을 읽고 질문에 답하세요.

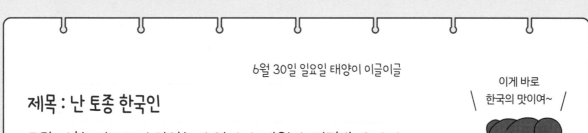

6월 30일 일요일 태양이 이글이글

제목 : 난 토종 한국인

이게 바로
한국의 맛이여~

주말 아침, 해도 뜨지 않았는데 엄마가 깨웠다. 찜질방에 가자
는 것이었다. 더 자고 싶은 마음을 꾹꾹 누르고 엄마를 따라갔는
데…. 황토방은 뜨끈뜨끈하고, 매점에서 사 먹은 미역국은 꿀맛
이었다. 역시 난 토종 한국인인가 보다.

• 찜질방에서 명명이가 뜨끈뜨끈하다고 느낀 곳은 어디일까요?

💬 _____ 방

• 찜질방에서 명명이가 느낀 점은 무엇인가요?

💬 역시 난 _____ 한국인이다.

토지

土지

흙 **土** 땅 **지**

사람의 생활과 활동에
이용하는 **땅**

토종

土종

흙 **土** 씨 **종**

원래부터 그 **땅**에서 나는 것

2 뜻풀이를 각각 읽고 빈칸을 채워 어휘를 완성하세요.

어떤 사물이나 일의
밑바탕이 되는 기초

☐ 대

한 나라가 다스리는 **땅**의 범위

영 ☐

土

대대로 그 **땅**에 살고 있음

☐ 착

우리나라 역사상 가장 넓은 **땅**을
차지한 고구려의 제19대 왕

광개 ☐ 대왕

3 '토(土)'의 뜻을 떠올리며 밑줄 친 곳에 공통으로 들어갈 글자를 쓰세요.

토지는 생활과 활동에
이용하는 _____이야.

토착이란 대대로 그
_____에 살고 있는 것을
말하지.

4 다음 중 토(土)'가 쓰이지 않은 어휘를 찾아 ○ 하세요.

황토   영토   토론   토대   토착

5 문장을 각각 읽고 밑줄 친 곳에 들어갈 알맞은 어휘를 찾아 연결하세요.

기름진 _____에서 농사가 잘된다.   •   •   광개토 대왕

랑랑쌤은 _____로 만든 길에서 맨발로 걸었다.   •   •   황토

_____은 여러 나라와의 전투에서 승리하여 고구려를 성장시켰다.   •   •   토지

독도는 대한민국의 _____이다.   •   •   영토

6 제시된 어휘 중 알맞은 것을 활용하여 문장을 완성하세요.

토기
vs
토지

💬 농사를 시작하면서 곡식을 보관하거나 음식을 조리하기 위해

_____ 등장했다.

토종
vs
토대

💬 삽살개는 우리나라의 _____ 개이다.

한자의 뜻과 음을 확인하고 따라 쓰세요.

한자 따라 쓰기

뜻
백성

민 民

음   모양

✏️ 기본 교과 어휘

1 '민(民)'이 들어간 어휘를 읽어 보고, 뜻풀이에서 한자의 뜻과 연관된 글자에 ◯ 하세요.

국민

국民

나라 **국** 백성 **민**

국가를 이루거나 그 나라의
국적을 가진 **사람**

민족

民족

백성 **민** 겨레 **족**

오랫동안 같은 지역에 살면서
같은 문화를 가진 **사람**들

💡 아래 글을 읽고 질문에 답하세요.

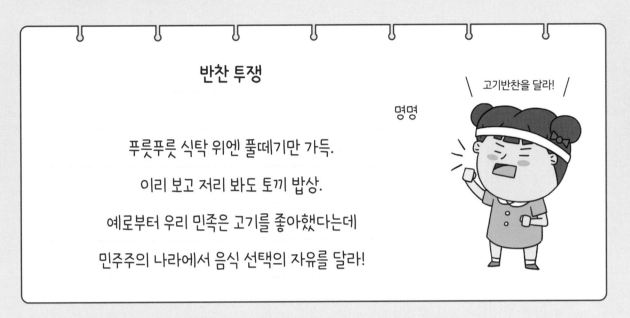

반찬 투쟁

고기반찬을 달라!

명명

푸릇푸릇 식탁 위엔 풀떼기만 가득.

이리 보고 저리 봐도 토끼 밥상.

예로부터 우리 민족은 고기를 좋아했다는데

민주주의 나라에서 음식 선택의 자유를 달라!

- 명명이가 고기반찬을 외치는 데 뒷받침이 되는 이유는 무엇인가요?

✍ 우리 _____은 예로부터 고기를 좋아했다.

- 명명이는 결국 반찬 투쟁을 통해 무엇을 주장하나요?

✍ _____ 나라에서 내가 원하는 반찬은 고기이다.

주민

주民

살 주 백성 민

일정한 지역에 사는 **사람**

민원

民원

백성 민 바랄 원

주민이 행정 기관에 원하는 것을
요구하는 일

2 뜻풀이를 각각 읽고 빈칸을 채워 어휘를 완성하세요.

농사짓는 일을 직업으로
가진 사람

농[ ]

백성들이 생활 속에서
즐기던 놀이

[ ]속놀이

民

모든 국민이 나라의 주인으로서
권리를 갖고 자유롭고 평등하게
참여하는 방식

[ ]주주의

사회의 발전을 위해 뜻을 함께하
는 사람들이 스스로 만든 무리

시[ ]단체

3 '민(民)'의 뜻을 떠올리며 밑줄 친 곳에 공통으로 들어갈 글자를 쓰세요.

주민은 일정한 지역에
사는 _____이야.

시민 단체는 사회의 발전을 위해
뜻을 함께하는 _____들이 스스로
만든 무리를 가리키지.

✓ _____

4 다음 중 '민(民)'이 쓰이지 않은 어휘를 찾아 ○ 하세요.

민원   민들레   국민   농민   민주주의

11
일차

5 문장을 각각 읽고 밑줄 친 곳에 들어갈 알맞은 어휘를 찾아 연결하세요.

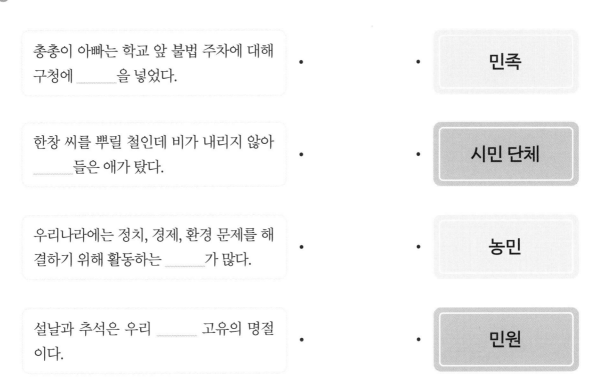

총총이 아빠는 학교 앞 불법 주차에 대해 구청에 _____ 을 넣었다.	민족
한창 씨를 뿌릴 철인데 비가 내리지 않아 _____ 들은 애가 탔다.	시민 단체
우리나라에는 정치, 경제, 환경 문제를 해결하기 위해 활동하는 _____ 가 많다.	농민
설날과 추석은 우리 _____ 고유의 명절이다.	민원

6 제시된 어휘 중 알맞은 것을 활용하여 문장을 완성하세요.

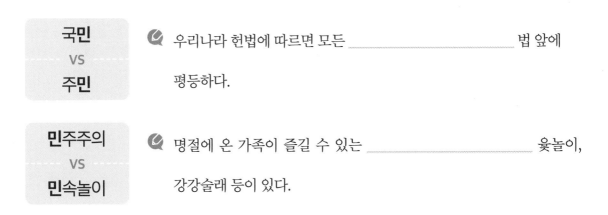

국민
VS
주민

✎ 우리나라 헌법에 따르면 모든 _____ 법 앞에 평등하다.

민주주의
VS
민속놀이

✎ 명절에 온 가족이 즐길 수 있는 _____ 윷놀이, 강강술래 등이 있다.

한자의 뜻과 음을 확인하고 따라 쓰세요.

한자 따라 쓰기

뜻
나라

국 國

음   모양

✏️ 기본 교과 어휘

1 '국(國)'이 들어간 어휘를 읽어 보고, 뜻풀이에서 한자의 뜻과 연관된 글자에 ○ 하세요.

국가

國가

나라 **국** 집 가

국기

國기

나라 **국** 기 기

일정한 땅이 있고, 그곳에 사는 사람들이
(나라)의 주인으로서 권리를 갖는 집단

나라를 나타내는 깃발

💡 아래 글을 읽고 질문에 답하세요.

현충일에 국기를 제대로 답시다!

많은 사람이 현충일을 '국경일'로 착각한다. 학교나 회사를 가지 않으니 그런 것이다. 하지만 원래 현충일은 나라를 위해 목숨을 바친 분들을 기억하기 위해 법으로 정한 공휴일이다.

그런데 점점 국기를 다는 집들이 줄어들고 있다. 역사를 잊은 민족에게 내일은 없다.

현충일에 대해 이제야 알았어!

• 사람들은 보통 현충일을 무슨 날로 착각하나요?

   ✍ _____

• 총총이는 현충일에 무엇을 해야 한다고 주장하나요?

   ✍ 집집마다 _____ 를 달며 나라를 위해 목숨을 바친 분들을 기억해야 한다.

국군

國군

나라 **국** 군사 **군**

적으로부터 **나라**를 지키기
위해 만든 군대

국경일

國경일

나라 **국** 경사 **경** 날 **일**

나라의 기쁜 일을 기념하기 위해
법으로 정한 날

2 뜻풀이를 각각 읽고 빈칸을 채워 어휘를 완성하세요.

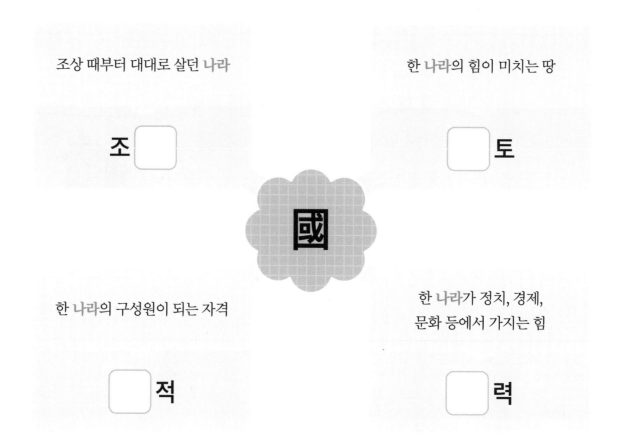

조상 때부터 대대로 살던 **나라**

조 [ ]

한 **나라**의 힘이 미치는 땅

[ ] 토

國

한 **나라**의 구성원이 되는 자격

[ ] 적

한 **나라**가 정치, 경제,
문화 등에서 가지는 힘

[ ] 력

3 '국(國)'의 뜻을 떠올리며 밑줄 친 곳에 공통으로 들어갈 글자를 쓰세요.

국경일은 _____의
기쁜 일을 기념하기 위해
법으로 정한 날이에요.

국적은 한 _____의
구성원이 되는 자격을
말해.

4 다음 중 '국(國)'이 쓰이지 않은 어휘를 찾아 ○ 하세요.

국군   국경일   조국   국가   우체국

5 문장을 각각 읽고 밑줄 친 곳에 들어갈 알맞은 어휘를 찾아 연결하세요.

현충일은 _____의 독립을 위해 싸우다
돌아가신 분들을 기리는 날이다.   •   •   국경일

우리나라 _____는 남북으로 길고 동서
로 짧다.   •   •   국군

_____의 날은 10월 1일로, 우리나라 군
대의 발전을 기념하는 날이다.   •   •   국토

총총이 아빠는 삼일절, 광복절 등 _____
마다 태극기를 단다.   •   •   조국

6 제시된 어휘 중 알맞은 것을 활용하여 문장을 완성하세요.

국가
VS
국기

🖉 국민의 재산과 생명을 지키기 위해 _____

만들어졌다.

국적
VS
국력

🖉 고구려는 오랜 전쟁으로 _____ 약해졌다.

공부한 날 _____ 월 _____ 일

한자의 뜻과 음을 확인하고 따라 쓰세요.

한자 따라 쓰기

뜻
사람

인人

음   모양

✏️ 기본 교과 어휘

1 '인(人)'이 들어간 어휘를 읽어 보고, 뜻풀이에서 한자의 뜻과 연관된 글자에 ○ 하세요.

인간
人간
사람 **인** 사이 **간**

생각을 하고, 언어를 사용하며, 도구를
만들어 쓰고, 사회를 이루어 사는 **사람**

인기
人기
사람 **인** 기운 **기**

어떤 대상에 대한
사람들의 높은 관심

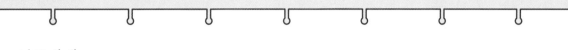 아래 글을 읽고 질문에 답하세요.

마크에게

네가 전학 온 날 꼬불꼬불한 너의 머리가 어찌나 신기하던지, 나도 모르게 불쑥 만져 버렸어. 네가 "나 동물 아니야. 우리 모두 똑같은 인간이야!"라고 외치는데 쥐구멍에라도 숨고 싶더라. 인종 차별을 하려던 게 아니었는데…. 하지만 네가 그렇게 느꼈다니 정말 미안해.   - 총총이가

• 마크는 총총이에게 뭐라고 외쳤나요?

　　　　　　　　　　　　　　💬 우리 모두 똑같은 ＿＿＿＿＿＿＿ 이야!

• 총총이는 왜 마크에게 미안하다고 사과했나요?

　　　　　　　💬 마크가 ＿＿＿＿＿＿＿ 로 느낄 법한 행동을 했기 때문이다.

인구

人구

사람 **인** 입 **구**

일정한 지역에 사는 **사람**의 수

상인

상人

장사 **상** 사람 **인**

장사를 직업으로 하는 **사람**

2 뜻풀이를 각각 읽고 빈칸을 채워 어휘를 완성하세요.

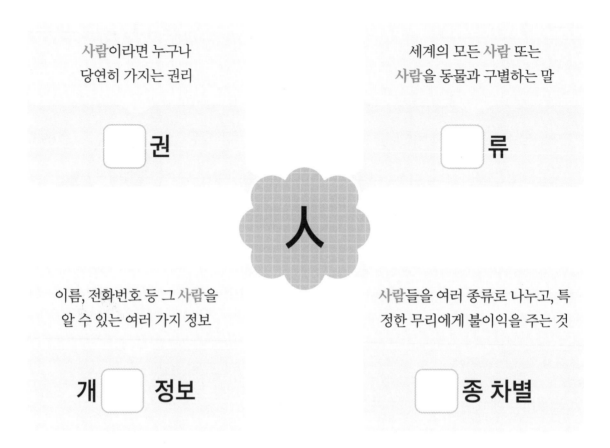

사람이라면 누구나
당연히 가지는 권리

☐ 권

세계의 모든 사람 또는
사람을 동물과 구별하는 말

☐ 류

人

이름, 전화번호 등 그 사람을
알 수 있는 여러 가지 정보

개 ☐ 정보

사람들을 여러 종류로 나누고, 특
정한 무리에게 불이익을 주는 것

☐ 종 차별

3 '인(人)'의 뜻을 떠올리며 밑줄 친 곳에 공통으로 들어갈 글자를 쓰세요.

인간은 생각을 하고, 언어를
사용하며, 도구를 만들어 쓰고,
사회를 이루어 사는 _____이야.

인권은 _____이라면
누구나 당연히 가지는
권리를 말하지.

64

정답 15쪽

4 다음 중 '인(人)'이 쓰이지 않은 어휘를 찾아 ○ 하세요.

원인　　인류　　상인　　인기　　인종 차별

5 문장을 각각 읽고 밑줄 친 곳에 들어갈 알맞은 어휘를 찾아 연결하세요.

_____은 누구나 나이가 들면 늙는다. ・　　・ 개인 정보

1950년대 미국에서는 백인과 흑인 간에 _____ 이 심해서 버스 좌석도 따로 구분했다. ・　　・ 인구

쇼핑 사이트가 해킹을 당해 이름, 전화번호와 같은 _____ 가 유출되었다. ・　　・ 인간

중국과 인도는 _____로 세계 1, 2위를 다툰다. ・　　・ 인종 차별

6 제시된 어휘 중 알맞은 것을 활용하여 문장을 완성하세요.

개인
VS
상인

🖋 5일마다 열리는 장에는 구경 온 사람들과 물건을 팔려는

_____ 북적였다.

인구
VS
인권

🖋 모든 인간은 나이, 성별, 장애와 상관없이 사람답게 사는 권리인

_____ 있다.

공부한 날 _____ 월 _____ 일

한자의 뜻과 음을 확인하고 따라 쓰세요.

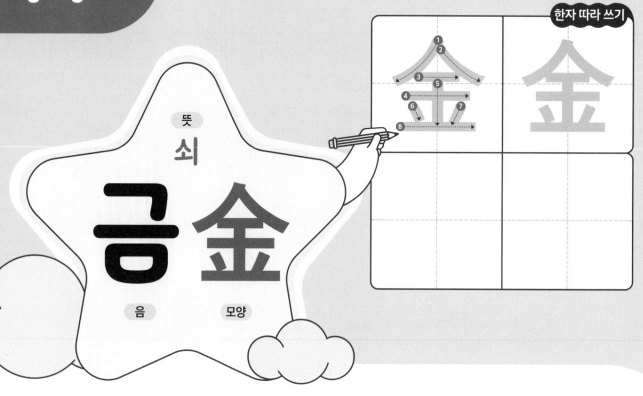

한자 따라 쓰기

뜻
쇠

금金

음   모양

✏️ 기본 교과 어휘

1 '금(金)'이 들어간 어휘를 읽어 보고, 뜻풀이에서 한자의 뜻과 연관된 글자에 ◯ 하세요.

요금

요金

되질할 **요** 쇠 **금**

남의 힘을 빌리거나 물건을
사용한 대가로 치르는 (돈)

저금

저金

쌓을 **저** 쇠 **금**

돈을 모으거나 은행 등에 맡김

💡 아래 글을 읽고 질문에 답하세요.

7월 2일 수요일 햇빛 쨍쨍

제목 : 꿈★은 이루어진다

오늘은 아주 역사적인 날이다. 내 책상, 내 신발에 이어 내 이름으로 된 예금 통장이 생겼기 때문이다. 앞으로 용돈을 받을 때마다 떡볶이 사 먹지 않고 저금할 생각이다. 1년 뒤에는 나도 일론 머스크처럼 세계적인 부자가 될 수 있을까?

'리치 명명'이라고 불러 주세요~

• 명명이가 오늘을 '역사적인 날'이라고 표현한 이유는 무엇인가요?

　　　　💬 명명이 이름의 ＿＿＿＿＿＿＿ 통장이 생겼기 때문이다.

• 명명이는 어떤 계획을 세웠나요?

　　　　💬 용돈을 받을 때마다 떡볶이를 사 먹지 않고 ＿＿＿＿＿＿ 하겠다.

세금
세金
세금 세 쇠 금

나라의 살림에 쓰기 위해
국민들에게 걷는 **돈**

현금
현金
나타날 현 쇠 금

물건을 사고팔 때 물건값으로
치르는 **동전, 지폐** 등

2 뜻풀이를 각각 읽고 빈칸을 채워 어휘를 완성하세요.

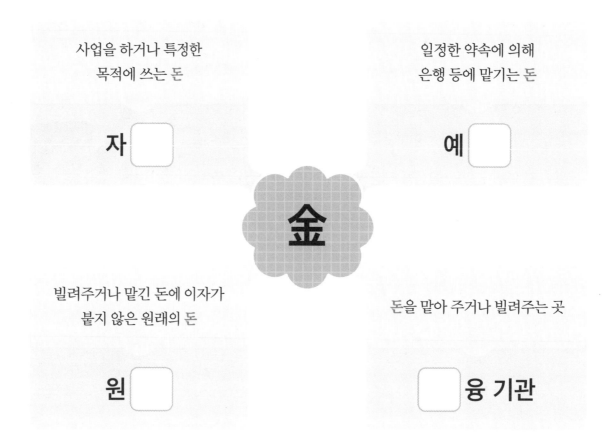

사업을 하거나 특정한
목적에 쓰는 돈

자 ☐

일정한 약속에 의해
은행 등에 맡기는 돈

예 ☐

빌려주거나 맡긴 돈에 이자가
붙지 않은 원래의 돈

원 ☐

돈을 맡아 주거나 빌려주는 곳

☐ 융 기관

3 '금(金)'의 뜻을 떠올리며 밑줄 친 곳에 공통으로 들어갈 글자를 쓰세요.

세금은 나라의 살림에
쓰기 위해 국민들에게 걷는
_____이야.

원금은 빌려주거나 맡긴
돈에 이자가 붙지 않은
원래의 _____을 말하지.

4 다음 중 '금(金)'이 쓰이지 않은 어휘를 찾아 ○ 하세요.

세금   금융 기관   방금   요금   원금

5 문장을 각각 읽고 밑줄 친 곳에 들어갈 알맞은 어휘를 찾아 연결하세요.

명명이는 용돈의 절반을 _____ 하는 습관이 있다.   ·   ·   저금

_____ 은 잃어버리면 다시 찾기 어렵고, 한꺼번에 많은 양을 보관하기가 쉽지 않다.   ·   ·   금융 기관

랑랑쌤은 은행, 우체국, 보험 회사 같은 _____ 에 돈을 맡긴다.   ·   ·   현금

도로, 학교, 놀이터 등을 짓는 데 _____ 이 사용된다.   ·   ·   세금

6 제시된 어휘 중 알맞은 것을 활용하여 문장을 완성하세요.

저금
VS
지금

💬 회사는 필요한 _____ 은행에서 빌려 사업을 한다.

원금
VS
예금

💬 은행에 _____ 돈을 도둑맞을 일이 없어 안전하다.

어휘랑 총정리

1 빈칸에 공통으로 들어가는 글자를 찾아 연결하세요.

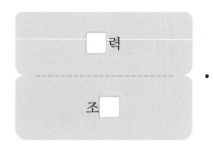

☐력

조☐

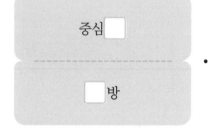

중심☐

☐방

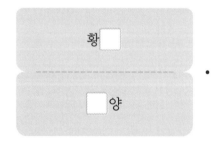

황☐

☐양

흙 토(土)

나라 국(國)

땅 지(地)

2 문장을 각각 읽고 내용에 알맞은 어휘를 골라 ◯ 하세요.

🔊 미미는 세계 (습지 / 분지 / 지도 / 중심지)를 펼쳐 놓고 우리나라를 찾았다.

🔊 (농촌 / 산촌 / 지구촌 / 어촌)에는 집집마다 생선을 잡는 그물이 걸려 있다.

🔊 개천절과 한글날은 우리나라의 (국기 / 국경일 / 국력 / 국적)이다.

🔊 명명이는 은행에 (저금 / 원금 / 요금 / 현금)해서 모은 돈으로 랑랑쌤의 생일 선물을 샀다.

70

3 채팅 속 빈칸에 들어갈 글자를 쓰고, 같은 한자가 들어간 어휘를 찾아 묶으세요.

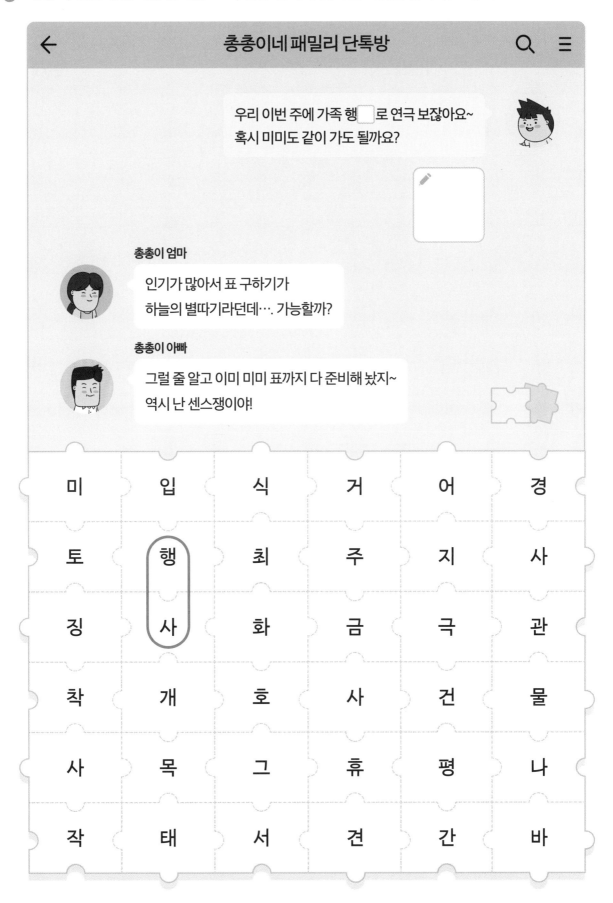

4 가로세로 열쇠의 뜻풀이를 읽고 퍼즐을 완성하세요.

❶	❶ 가(家)			❷	❷ 촌(村)
			❹	❹ 금(金)	
❸					
❸ 인(人)					

가로 열쇠

❶ 짚이나 갈대 등을 엮어 지붕을 만든 집
❷ 산속에 있는 마을
❸ 사람이라면 누구나 당연히 가지는 권리
❹ 남의 힘을 빌리거나 물건을 사용한 대가로 치르는 돈

세로 열쇠

❶ 사람이 사는 집
❷ 들이나 산, 바다와 같은 자연을 이용해서 살아가는 시골의 작은 마을
❸ 장사를 직업으로 하는 사람
❹ 돈을 맡아 주거나 빌려주는 곳

5 보기 속 어휘를 활용하여 문장을 완성하세요.

> **보기**
>
> 가계부   인구   농사   토지   지역

(예시) 복숭아를 좋아하는 명명이는 직접 <u>농사를</u> 지어 보고 싶었다.

💬 총총이 엄마는 _____ 보며 지난주에 쓴 돈을 계산해 보았다.

💬 우리나라 _____ 오천만 명이 넘는다.

💬 장마의 영향으로 랑랑쌤이 사는 _____ 많은 비가 내렸다.

💬 일제강점기에 일본은 우리 농민들의 _____ 빼앗았다.

6 제시된 어휘를 활용하여 문장을 만드세요.

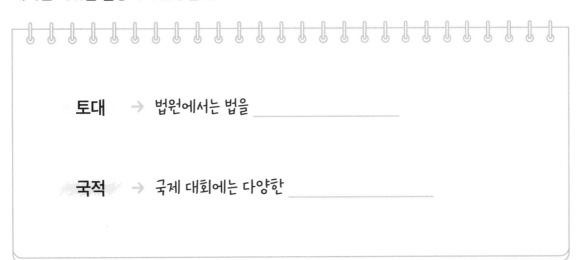

토대 → 법원에서는 법을 _____

국적 → 국제 대회에는 다양한 _____

Ⅲ
수학·과학

매일 4쪽씩
재미있게 공부해요!

分
나눌 분
- 분류
- 분수
- 분자
- 분모

數
셀 수
- 짝수
- 홀수
- 자연수
- 수량

算
계산 산
- 계산
- 암산
- 연산
- 검산

溫
따뜻할 온
- 온도
- 기온
- 체온
- 온수

體
몸 체
- 고체
- 액체
- 기체
- 반도체

氣
기운 기
- 공기
- 수증기
- 기상
- 일기도

物
물건 물
- 물체
- 생물
- 동물
- 식물

生
날 생
- 생명체
- 생태계
- 생산자
- 기생

火
불 화
- 화재
- 화상
- 소화기
- 화산

한자의 뜻과 음을 확인하고 따라 쓰세요.

한자 따라 쓰기

뜻
나눌

분 分

음   모양

✎ 기본 교과 어휘

1 '분(分)'이 들어간 어휘를 읽어 보고, 뜻풀이에서 한자의 뜻과 연관된 글자에 ○ 하세요.

분류

分류

나눌 분 무리 류

같은 성질을 가진 것끼리
종류별로 (나누는) 것

분수

分수

나눌 분 셀 수

전체에 대한 **부분**을 나타내는 수

💡 아래 글을 읽고 질문에 답하세요.

명명이에게

콩 한 쪽도 나눠 먹는 게 가족이라는데, 오빠가 되어서 욕심을 부려 미안해. 근데 나도 너만큼이나 피자를 좋아한단 말이야. 심심이는 나더러 입맛으로 분류하자면 이탈리아 사람 아니냐고 했을 정도야. 그러니 내가 어떻게 딱 이등분으로 나누겠니? 대신 다음에 맛있는 게 있으면 양보할게. 이해해 줘. 　- 총총 오빠가

삼시 세끼 피자만 먹으래도 좋아~

• 심심이는 피자를 좋아하는 총총이에게 뭐라고 했나요?

💬 입맛으로 _____하자면 이탈리아 사람이다.

• 명명이는 총총이에게 피자를 어떻게 나누자고 했을까요?

💬 딱 _____으로 나누기를 바랐다.

분자
分자
나눌 **분** 아들 **자**

⬇

분수에서 가로선 위쪽에 있으며,
나누어지는 수

분모
分모
나눌 **분** 어미 **모**

⬇

분수에서 가로선 아래쪽에 있으며,
나누는 수

2 뜻풀이를 각각 읽고 빈칸을 채워 어휘를 완성하세요.

분자가 분모보다 작은 분수

진 [ ] 수

분자가 분모와 같거나
분모보다 큰 분수

가 [ ] 수

分

둘 이상의 분수의 분모를
같게 하는 것

통 [ ]

주어진 양을 똑같이 나누는 것

등 [ ]

3 '분(分)'의 뜻을 떠올리며 밑줄 친 곳에 공통으로 들어갈 글자를 쓰세요.

분모는 분수에서 가로선
아래쪽에 있으며,
_____ 수야.

등분은 주어진 양을
똑같이 _____ 것을
말하지.

✐ _____

4 다음 중 '분(分)'이 쓰이지 않은 어휘를 찾아 ○ 하세요.

분자　　　　분실　　　　가분수　　　　분모　　　　분류

5 문장을 각각 읽고 밑줄 친 곳에 들어갈 알맞은 어휘를 찾아 연결하세요.

피자를 똑같이 다섯 조각으로 나눈 것 중의 세 조각을 ＿＿＿로 나타내면 $\frac{3}{5}$이다.　　•　　•　등분

아이스크림은 색깔, 모양, 맛 등의 특징으로 ＿＿＿ 할 수 있다.　　•　　•　분수

＿＿＿을 하면 서로 다른 분수의 크기를 쉽게 비교할 수 있다.　　•　　•　분류

랑랑쌤은 생일 케이크를 사 ＿＿＿으로 잘랐다.　　•　　•　통분

6 제시된 어휘 중 알맞은 것을 활용하여 문장을 완성하세요.

분류
vs
분자

　✒ 분모가 같을 때 ＿＿＿＿＿＿＿＿＿ 클수록 큰 분수이다.

진분수
vs
가분수

　✒ $\frac{2}{3}$, $\frac{3}{5}$처럼 0보다 크고 1보다 작으면 ＿＿＿＿＿＿＿＿＿

한자의 뜻과 음을 확인하고 따라 쓰세요.

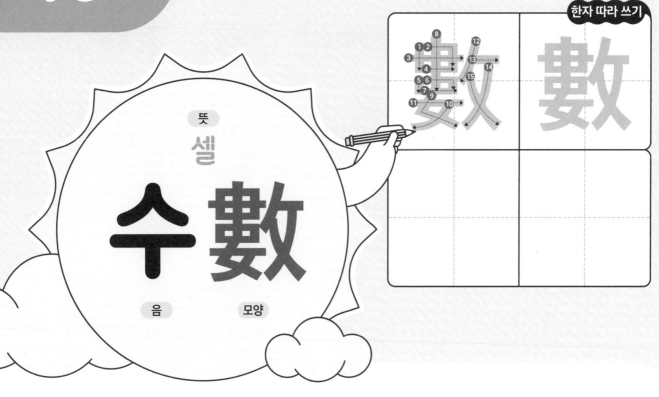

뜻 셀

수 數

음   모양

한자 따라 쓰기

✏️ 기본 교과 어휘

1 '수(數)'가 들어간 어휘를 읽어 보고, 뜻풀이에서 한자의 뜻과 연관된 글자에 ◯ 하세요.

짝수

짝數

짝 셀 수

'2, 4, 6, 8, 10'처럼 둘씩 짝을
지을 수 있는 ⟨수⟩

홀수

홀數

홀 셀 수

'1, 3, 5, 7, 9'처럼 둘씩 짝을
지을 수 없는 **수**

💡 아래 글을 읽고 질문에 답하세요.

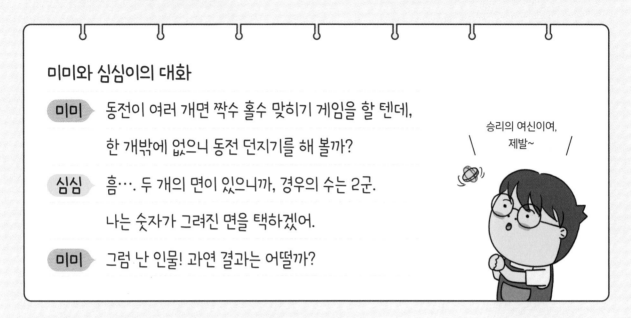

미미와 심심이의 대화

미미 동전이 여러 개면 짝수 홀수 맞히기 게임을 할 텐데,

한 개밖에 없으니 동전 던지기를 해 볼까?

심심 흠…. 두 개의 면이 있으니까, 경우의 수는 2군.

나는 숫자가 그려진 면을 택하겠어.

미미 그럼 난 인물! 과연 결과는 어떨까?

승리의 여신이여,
제발~

• 미미는 동전이 여러 개라면 어떤 게임을 하고 싶었나요?

✍ _____ 맞히기 게임

• 동전을 던지면 어떤 결과가 나올 수 있나요?

✍ _____는 2로, 숫자나 인물이 그려진 면이 나온다.

자연수

자연數

스스로 **자** 그럴 **연** 셀 **수**

1부터 시작하여 하나씩 더하여
얻을 수 있는 모든 **수**

수량

數량

셀 **수** 헤아릴 **량**

수와 양

2 뜻풀이를 각각 읽고 빈칸을 채워 어휘를 완성하세요.

자연수, 0, 자연수에
– 기호를 붙인 수를 모두 뜻함

정 ☐

일의 자리보다
작은 자리의 값을 가진 수

소 ☐

數

어떤 수를 1배, 2배, 3배…
한 수

배 ☐

어떤 일이 일어날 수 있는
가짓수

경우의 ☐

3 '수(數)'의 뜻을 떠올리며 밑줄 친 곳에 공통으로 들어갈 글자를 쓰세요.

홀수는 '1, 3, 5, 7, 9'처럼 둘씩 짝을 지을 수 없는 _____ 야.

정수는 자연수, 0, 자연수에 – 기호를 붙인 _____ 를 모두 가리키지.

4 다음 중 '수(數)'가 쓰이지 않은 어휘를 찾아 ○ 하세요.

| 짝수 | 자연수 | 배수 | 소수 | 손수건 |

5 문장을 각각 읽고 밑줄 친 곳에 들어갈 알맞은 어휘를 찾아 연결하세요.

3을 몇 배 한 수인 3, 6, 9…를 3의 _____ 라고 한다.   ·   ·   수량

주사위를 던져서 짝수가 나올 _____ 는 2, 4, 6이므로 3이다.   ·   ·   경우의 수

막대그래프는 _____을 비교하기에 편리 하다.   ·   ·   배수

수를 세거나 순서를 매길 때는 _____를 사용한다.   ·   ·   자연수

6 제시된 어휘 중 알맞은 것을 활용하여 문장을 완성하세요.

짝수
vs
홀수

💬 12, 14, 16, 18은 10보다 크고 20보다 작은 _____

정수
vs
소수

💬 _____ 0.1처럼 1보다 작을 수도 있고, 3.3처럼

1보다 클 수도 있다.

한자의 뜻과 음을 확인하고 따라 쓰세요.

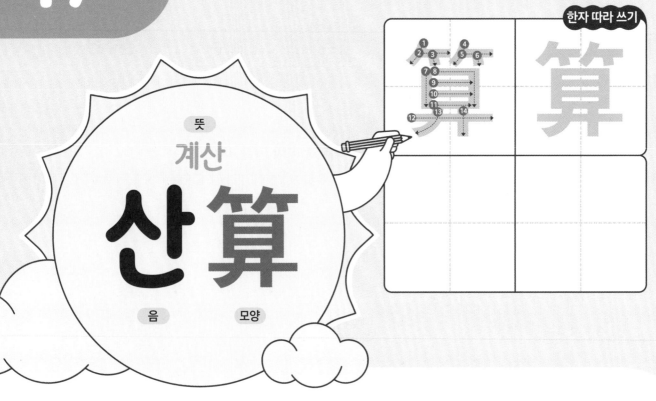

한자 따라 쓰기

뜻
계산

산 算

음   모양

✏️ 기본 교과 어휘

1 '산(算)'이 들어간 어휘를 읽어 보고, 뜻풀이에서 한자의 뜻과 연관된 글자에 ○ 하세요.

계산

계算

꾀할 **계** 계산 **산**

수나 식을 (풀어) 값을 구함

암산

암算

어두울 **암** 계산 **산**

필기도구, 계산기를 사용하지
않고 머릿속으로 **계산**함

💡 아래 글을 읽고 질문에 답하세요.

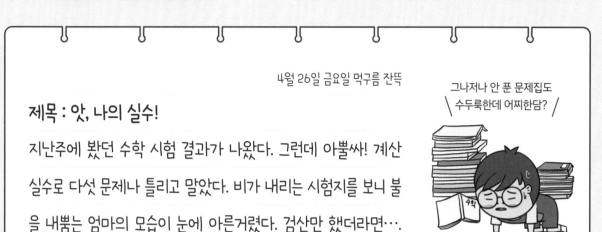

4월 26일 금요일 먹구름 잔뜩

제목 : 앗, 나의 실수!

지난주에 봤던 수학 시험 결과가 나왔다. 그런데 아뿔싸! 계산 실수로 다섯 문제나 틀리고 말았다. 비가 내리는 시험지를 보니 불을 내뿜는 엄마의 모습이 눈에 아른거렸다. 검산만 했더라면…. 후회가 된다. 오늘 일을 교훈 삼아 실수를 반복하지 말아야겠다.

그나저나 안 푼 문제집도 수두룩한데 어찌한담?

17
일차

- 심심이는 왜 수학 시험에서 다섯 문제나 틀렸나요?

💬 _____ 실수를 했다.

- 심심이는 수학 시험 결과를 보고 어떤 후회를 했나요?

💬 시험지를 제출하기 전에 _____ 을 했어야 했다.

연산

연算

펼 **연** 계산 **산**

수나 식을 정해진
규칙에 따라 **계산**함

검산

검算

검사할 **검** 계산 **산**

계산의 결과가 맞는지 다시 확인함

2 뜻풀이를 각각 읽고 빈칸을 채워 어휘를 완성하세요.

덧셈, 뺄셈, 곱셈, 나눗셈을
뒤섞어 합쳐 놓은 셈

혼합 계 ☐

덧셈, 뺄셈, 곱셈, 나눗셈을
이용하여 계산함

사칙 연 ☐

算

숫자를 써서 기록하며 계산함

필 ☐

어떤 단위로 나타낸 수를
다른 단위로 고쳐 계산함

환 ☐

3 '산(算)'의 뜻을 떠올리며 밑줄 친 곳에 공통으로 들어갈 글자를 쓰세요.

검산은 _____의 결과가
맞는지 다시 확인하는
거야.

사칙 연산은 덧셈, 뺄셈,
곱셈, 나눗셈을 이용하여
_____ 하는 걸 말하지.

_____

정답 **20쪽**

4 다음 중 '산(算)'이 쓰이지 않은 어휘를 찾아 ○ 하세요.

필산   검산   등산   계산   사칙 연산

5 문장을 각각 읽고 밑줄 친 곳에 들어갈 알맞은 어휘를 찾아 연결하세요.

1kg을 g으로 _____ 하면 1000g이다.   •   •   암산

_____을 하면 계산 과정과 방법을 분명하게 확인할 수 있다.   •   •   혼합 계산

분식집에서 심심이는 어묵 꼬치의 개수를 세어 _____으로 값을 계산했다.   •   •   환산

_____에서는 곱셈과 나눗셈을 먼저 계산하고, 덧셈과 뺄셈은 나중에 계산한다.   •   •   필산

6 제시된 어휘 중 알맞은 것을 활용하여 문장을 완성하세요.

계산
vs
환산

✐ 미미는 분식집에서 먹은 떡볶이 값을 _____ 친구들에게 알려 주었다.

암산
vs
검산

✐ 구한 답을 식에 넣고 _____ 실수를 줄일 수 있다.

한자의 뜻과 음을 확인하고 따라 쓰세요.

뜻
따뜻할

온 溫

음   모양

한자 따라 쓰기

✏️ 기본 교과 어휘

1 '온(溫)'이 들어간 어휘를 읽어 보고, 뜻풀이에서 한자의 뜻과 연관된 글자에 ◯ 하세요.

온도
溫도
따뜻할 온 법도 도
↓
차갑고 (따뜻한) 정도

기온
기溫
기운 기 따뜻할 온
↓
공기의 차갑고 **따뜻한** 정도

88

💡 아래 글을 읽고 질문에 답하세요.

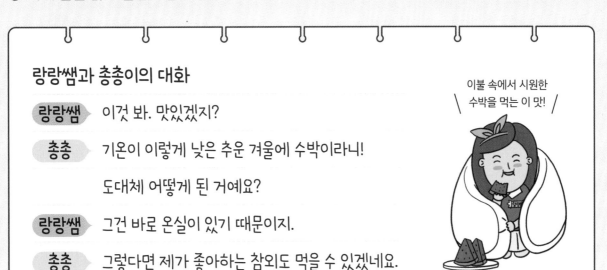

랑랑쌤과 총총이의 대화

랑랑쌤 이것 봐. 맛있겠지?

총총 기온이 이렇게 낮은 추운 겨울에 수박이라니!

도대체 어떻게 된 거예요?

랑랑쌤 그건 바로 온실이 있기 때문이지.

총총 그렇다면 제가 좋아하는 참외도 먹을 수 있겠네요.

이불 속에서 시원한 수박을 먹는 이 맛!

• 랑랑쌤을 보고 총총이가 놀란 이유는 무엇인가요?

✍ ＿＿＿＿＿＿＿＿＿＿이 낮은 겨울에 수박을 먹는 모습을 보았기 때문이다.

• 겨울에 수박이 자란 곳은 어디인가요?

✍ ＿＿＿＿＿＿＿＿＿＿＿＿＿

체온

체溫

몸 체 따뜻할 온

몸의 차갑고 **따뜻한** 정도

온수

溫수

따뜻할 온 물 수

따뜻하게 데워진 물

2 뜻풀이를 각각 읽고 빈칸을 채워 어휘를 완성하세요.

땅속 높은 열에 의해
따뜻하게 솟아나는 샘

☐ 천

식물을 기르기에 알맞은 온도와
습도 등을 조절할 수 있는 곳

☐ 실

溫

방바닥의 돌을 달궈 방 안을
따뜻하게 데우는 장치

☐ 돌

지구의 온도가
점점 높아지는 현상

지구 ☐ 난화

3 '온(溫)'의 뜻을 떠올리며 밑줄 친 곳에 공통으로 들어갈 글자를 쓰세요.

기온은 공기의 차갑고
_____ 한 정도야.

온돌은 방바닥의 돌을 달궈
방 안을 _____ 하게 데우는
장치를 말해.

_____

4 다음 중 '온(溫)'이 쓰이지 않은 어휘를 찾아 ○ 하세요.

온실　　지구 온난화　　온라인　　온수　　온천

5 문장을 각각 읽고 밑줄 친 곳에 들어갈 알맞은 어휘를 찾아 연결하세요.

_____로 인해 북극의 빙하가 빠르게 녹고 있다.	온돌
겨울 방학 동안 시골 할아버지 댁에 간 미미는 _____의 매력에 빠져 버렸다.	지구 온난화
심심이는 보일러 고장으로 _____가 나오지 않아 찬물로 씻었다.	기온
아침에는 _____이 낮았다가 낮이 되면 높아지고 저녁이 되면 다시 떨어진다.	온수

6 제시된 어휘 중 알맞은 것을 활용하여 문장을 완성하세요.

기온
vs
체온

✐ 감기에 걸린 명명이는 열이 올라 _____ 재 보았다.

온도
vs
온돌

✐ 물은 _____ 100℃가 되면 끓는다.

한자의 뜻과 음을 확인하고 따라 쓰세요.

한자 따라 쓰기

뜻 몸

체 體

음 모양

📝 기본 교과 어휘

1 '체(體)'가 들어간 어휘를 읽어 보고, 뜻풀이에서 한자의 뜻과 연관된 글자에 ○ 하세요.

고체

고體

굳을 고 몸 체

담는 그릇이 바뀌어도 모양과
크기가 변하지 않는 물질의 상태

액체

액體

진 액 몸 체

담는 그릇에 따라 모양이 변하지만,
양은 변하지 않는 **물질**의 상태

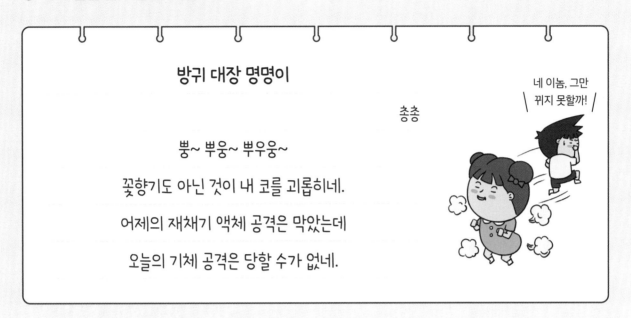

💡 아래 글을 읽고 질문에 답하세요.

방귀 대장 명명이

총총

뿡~ 뿌웅~ 뿌우웅~

꽃향기도 아닌 것이 내 코를 괴롭히네.

어제의 재채기 액체 공격은 막았는데

오늘의 기체 공격은 당할 수가 없네.

네 이놈, 그만 뀌지 못할까!

19
일차

• 어제 총총이는 무엇 때문에 괴로웠나요?

💬 명명이가 재채기를 하며 콧물로 _____를 뿜었기 때문이다.

• 총총이가 명명이에게 '방귀 대장'이라는 별명을 붙인 이유는 무엇인가요?

💬 방귀를 내뿜으며 _____ 공격을 하기 때문이다.

기체

기體

기운 **기** 몸 **체**

담는 그릇에 따라 모양이 변하고,
그릇을 가득 채우는 **물질**의 상태

반도체

반도體

반 **반** 이끌 **도** 몸 **체**

온도에 따라 전기가 잘 통하거나
안 통하는 **물질**

2 뜻풀이를 각각 읽고 빈칸을 채워 어휘를 완성하세요.

'철, 구리'처럼
전기가 통하는 물질

도 ☐

'유리, 나무'처럼
전기가 통하지 않는 물질

부도 ☐

體

'별, 달'처럼 우주에 존재하는
모든 물체

천 ☐

식물의 잎 속에서 빛을 이용하여
영양분을 만드는 초록색 물체

엽록 ☐

3 '체(體)'의 뜻을 떠올리며 밑줄 친 곳에 공통으로 들어갈 글자를 쓰세요.

고체는 담는 그릇이 바뀌어도
모양과 크기가 변하지 않는
＿＿＿＿의 상태야.

부도체는 전기가 통하지
않는 ＿＿＿＿을 말하지.

＿＿＿＿＿＿＿＿＿＿＿＿＿＿＿

4 다음 중 '체(體)'가 쓰이지 않은 어휘를 찾아 ○ 하세요.

기체   엽록체   천체   체포   도체

5 문장을 각각 읽고 밑줄 친 곳에 들어갈 알맞은 어휘를 찾아 연결하세요.

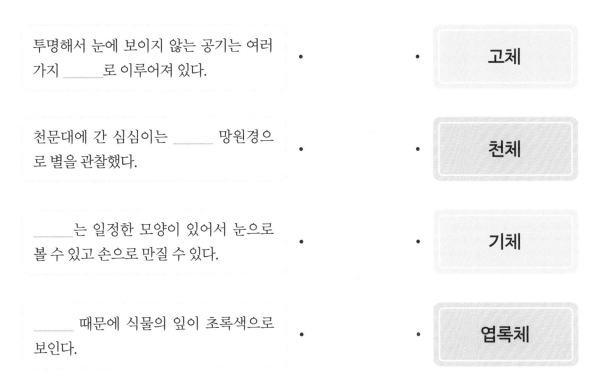

투명해서 눈에 보이지 않는 공기는 여러 가지 ＿＿＿로 이루어져 있다. •   • 고체

천문대에 간 심심이는 ＿＿＿ 망원경으로 별을 관찰했다. •   • 천체

＿＿＿는 일정한 모양이 있어서 눈으로 볼 수 있고 손으로 만질 수 있다. •   • 기체

＿＿＿ 때문에 식물의 잎이 초록색으로 보인다. •   • 엽록체

6 제시된 어휘 중 알맞은 것을 활용하여 문장을 완성하세요.

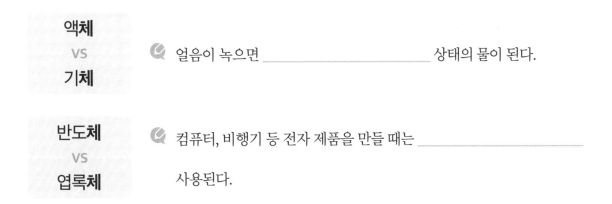

액체
VS
기체

🖋 얼음이 녹으면 ＿＿＿＿＿＿＿＿＿＿상태의 물이 된다.

반도체
VS
엽록체

🖋 컴퓨터, 비행기 등 전자 제품을 만들 때는 ＿＿＿＿＿＿＿＿＿

사용된다.

95

공부한 날 _____ 월 _____ 일

한자의 뜻과 음을 확인하고 따라 쓰세요.

뜻
기운

기氣

음   모양

氣   氣

✏️ 기본 교과 어휘

1 '기(氣)'가 들어간 어휘를 읽어 보고, 뜻풀이에서 한자의 뜻과 연관된 글자에 ○ 하세요.

공기

공氣

빌 공 기운 기

지구를 둘러싼 색과 냄새가
없는 투명한 기체

수증기

수증氣

물 수 찔 증 기운 기

기체 상태의 물

💡 아래 글을 읽고 질문에 답하세요.

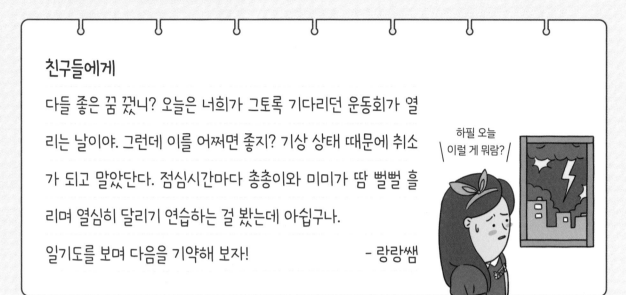

친구들에게

다들 좋은 꿈 꿨니? 오늘은 너희가 그토록 기다리던 운동회가 열리는 날이야. 그런데 이를 어쩌면 좋지? 기상 상태 때문에 취소가 되고 말았단다. 점심시간마다 총총이와 미미가 땀 뻘뻘 흘리며 열심히 달리기 연습하는 걸 봤는데 아쉽구나.

일기도를 보며 다음을 기약해 보자!   – 랑랑쌤

하필 오늘 이럴 게 뭐람?

• 운동회가 취소된 이유는 무엇인가요?

✍ 나쁜 ＿＿＿＿＿＿＿＿ 상태 때문이다.

• 랑랑쌤은 다음 운동회를 기약하며 무엇을 살펴보자고 했나요?

✍ ＿＿＿＿＿＿＿＿＿

기상

氣상

기운 **기** 형상 **상**

비, 바람, 구름과 같은 **날씨**

일기도

일氣도

날 **일** 기운 **기** 그림 **도**

날씨 상태를 한눈에 볼 수 있도록
표시한 그림

2 뜻풀이를 각각 읽고 빈칸을 채워 어휘를 완성하세요.

공기가 누르는 힘

☐ 압

액체 속에 들어가 있는 기체

☐ 포

氣

일정한 성질을 가진
거대한 공기 덩어리

☐ 단

식물의 잎이나 줄기에 있는
공기 구멍

☐ 공

3 '기(氣)'의 뜻을 떠올리며 밑줄 친 곳에 공통으로 들어갈 글자를 쓰세요.

공기는 지구를 둘러싼
색과 냄새가 없는 투명한
_____예요.

기포는 액체 속에 들어가
있는 _____를 가리키지.

4 다음 중 '기(氣)'가 쓰이지 않은 어휘를 찾아 ◯ 하세요.

　　기상　　　수증기　　　기린　　　일기도　　　기공

5 문장을 각각 읽고 밑줄 친 곳에 들어갈 알맞은 어휘를 찾아 연결하세요.

아침 일찍 일어난 멍멍이는 찬 _____ 에 몸을 부르르 떨었다.	기압
기상청에서는 기온, 바람, 구름의 양 등을 관찰해서 _____ 를 만든다.	기단
겨울에 찾아오는 시베리아 _____ 은 차갑고 건조하다.	공기
높은 곳으로 갈수록 _____ 이 낮아져 귀가 먹먹해진다.	일기도

20
일차

6 제시된 어휘 중 알맞은 것을 활용하여 문장을 완성하세요.

기상
vs
기압

💬 오전에 출발하는 비행기는 나쁜 _____ 때문에 모두 결항되었다.

기포
vs
기단

💬 사이다를 컵에 따르면 _____ 보글보글 올라온다.

한자의 뜻과 음을 확인하고 따라 쓰세요.

한자 따라 쓰기

뜻 **물건**

음 **물** 物 모양

기본 교과 어휘

1 '물(物)'이 들어간 어휘를 읽어 보고, 뜻풀이에서 한자의 뜻과 연관된 글자에 ○ 하세요.

물체

物체

물건 **물** 몸 체

↓

구체적인 형태를 가진 것

생물

생物

날 생 · 물건 **물**

↓

살아 있는 **물체**

💡 아래 글을 읽고 질문에 답하세요.

아빠와 총총이의 대화

아빠 주말이라고 너무 늘어져 있는 거 아니냐?

식물도 그 정도는 아니겠다.

총총 언제는 너무 뛰어다녀서 정신없다고 하셨으면서….

저는 우리 집의 평화를 위해 숨만 쉬는 생물처럼

가만히 있는 거라고요. 착하죠?

도대체 중간이 없어~

21
일차

• 아빠는 늘어져 있는 총총이를 무엇과 비교했나요?

✒ _____

• 총총이는 집의 평화를 지키기 위해 어떻게 하고 있다고 말하나요?

✒ 숨만 쉬는 _____ 처럼 가만히 늘어져 있다.

동물

동物

움직일 **동** 물건 **물**

스스로 움직일 수 있고,
다른 동물이나 식물로부터
영양분을 얻는 **생물**

식물

식物

심을 **식** 물건 **물**

한자리에서 자라고,
햇빛을 이용하여 스스로
영양분을 만들 수 있는 **생물**

2 뜻풀이를 각각 읽고 빈칸을 채워 어휘를 완성하세요.

망원경이나 현미경 등에서
물체와 가까운 쪽에 있는 렌즈

대 [ ] 렌즈

물이나 바람에 의해 옮겨진 자갈,
모래, 진흙 등의 물질이 쌓인 것

퇴적 [ ]

物

두 가지 이상의 물질이
서로 섞인 것

혼합 [ ]

눈으로 볼 수 없는
아주 작은 생물

미생 [ ]

3 '물(物)'의 뜻을 떠올리며 밑줄 친 곳에 공통으로 들어갈 글자를 쓰세요.

생물은 살아 있는
_____ 야.

대물 렌즈는 망원경이나 현미경
등에서 _____와 가까운 쪽에
있는 렌즈를 말하지.

4 다음 중 '물(物)'이 쓰이지 않은 어휘를 찾아 ○ 하세요.

생물   물통   혼합물   미생물   대물렌즈

5 문장을 각각 읽고 밑줄 친 곳에 들어갈 알맞은 어휘를 찾아 연결하세요.

_____은 다리나 날개가 있어 자유롭게 움직일 수 있다.   ·   ·   식물

_____를 조절하면 물체를 크게 확대해서 볼 수 있다.   ·   ·   혼합물

김밥은 달걀, 시금치, 햄 등 다양한 재료가 들어간 _____이다.   ·   ·   동물

_____은 한번 뿌리를 내리면 다른 장소로 움직이기가 어렵다.   ·   ·   대물렌즈

6 제시된 어휘 중 알맞은 것을 활용하여 문장을 완성하세요.

생물
vs
물체

   🖋 축구공, 모자처럼 구체적인 형태가 있는 _____

   공간을 차지한다.

퇴적물
vs
미생물

   🖋 심심이는 현미경으로 _____ 관찰했다.

22 일차

한자의 뜻과 음을 확인하고 따라 쓰세요.

뜻 날
생 生
음   모양

기본 교과 어휘

1 '생(生)'이 들어간 어휘를 읽어 보고, 뜻풀이에서 한자의 뜻과 연관된 글자에 ○ 하세요.

생명체
生명체
날 생 목숨 명 몸 체

생태계
生태계
날 생 모양 태 이을 계

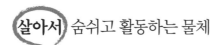 숨쉬고 활동하는 물체

생물과 생물이 아닌 것이 서로
영향을 주고받으며 **살아가는** 환경

💡 아래 글을 읽고 질문에 답하세요.

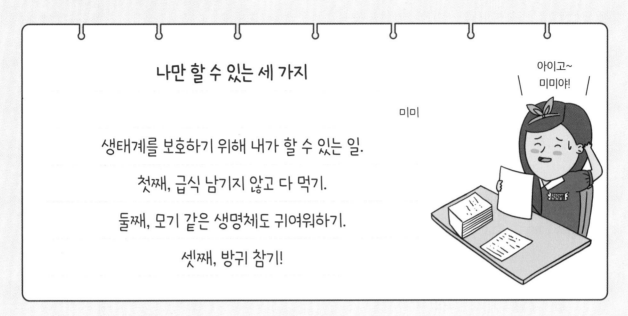

나만 할 수 있는 세 가지

미미

아이고~
미미야!

생태계를 보호하기 위해 내가 할 수 있는 일.

첫째, 급식 남기지 않고 다 먹기.

둘째, 모기 같은 생명체도 귀여워하기.

셋째, 방귀 참기!

• 미미가 자신이 할 수 있는 세 가지를 다짐한 이유는 무엇인가요?

💬 _____ 를 보호하기 위함이다.

• 미미는 심지어 무엇까지 귀여워하려고 했나요?

💬 모기 같은 _____

생산자

生산자

날 **생** 낳을 **산** 사람 **자**

햇빛을 이용하여 스스로
영양분을 만드는 **생물**

기생

기生

부칠 **기** 날 **생**

서로 다른 생물이 함께 **살며**,
한쪽만 도움을 받는 관계

2 뜻풀이를 각각 읽고 빈칸을 채워 어휘를 완성하세요.

생물이 자식을 낳아
남기는 활동

☐ 식

서로 다른 생물이 함께 살며,
도움을 주고받는 관계

공 ☐

生

한 미생물이 다른 미생물의 성장을
막는 성질을 이용하여 만든 약

항 ☐ 제

식물의 줄기와 뿌리 끝에서
성장하게 하는 부분

☐ 장점

3 '생(生)'의 뜻을 떠올리며 밑줄 친 곳에 공통으로 들어갈 글자를 쓰세요.

생명체는 _____아서
숨쉬고 활동하는 물체야.

공생은 서로 다른 생물이
함께 _____며, 도움을
주고받는 관계를 말하지.

✐ _____

4 다음 중 '생(生)'이 쓰이지 않은 어휘를 찾아 ◯ 하세요.

기생   항생제   희생   공생   생장점

5 문장을 각각 읽고 밑줄 친 곳에 들어갈 알맞은 어휘를 찾아 연결하세요.

감 안에 있는 씨는 _____을 담당한다.   •

•   항생제

감기에 걸린 총총이는 병원에서 _____를 처방받았다.   •

•   생산자

지구는 공기와 물이 있어서 _____가 살 수 있다.   •

•   생식

바닷속에서 미역은 햇빛을 이용하여 영양분을 만드는 _____ 역할을 한다.   •

•   생명체

6 제시된 어휘 중 알맞은 것을 활용하여 문장을 완성하세요.

생태계
vs
생산자

💬 황소개구리는 다른 개구리, 물고기, 뱀까지 잡아먹으며

_____ 파괴한다.

기생
vs
공생

💬 벌은 꽃의 꿀을 먹고, 꽃은 벌을 통해 꽃가루를 옮기며

_____

한자의 뜻과 음을 확인하고 따라 쓰세요.

뜻
불

화火

음   모양

한자 따라 쓰기

✏️ **기본 교과 어휘**

1 '화(火)'가 들어간 어휘를 읽어 보고, 뜻풀이에서 한자의 뜻과 연관된 글자에 ◯ 하세요.

화재

火재

불 **화** 재앙 **재**

◯불 로 인한 사고

화상

火상

불 **화** 상처 **상**

불이나 **뜨거운** 물 등에
데었을 때 일어나는 피부 상처

💡 아래 글을 읽고 질문에 답하세요.

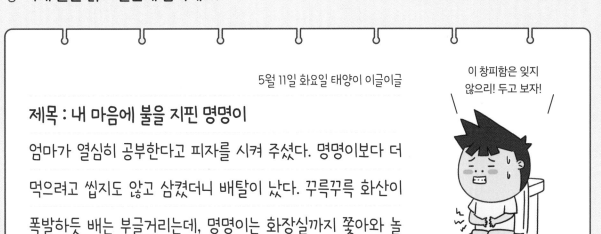

5월 11일 화요일 태양이 이글이글

제목 : 내 마음에 불을 지핀 명명이

엄마가 열심히 공부한다고 피자를 시켜 주셨다. 명명이보다 더 먹으려고 씹지도 않고 삼켰더니 배탈이 났다. 꾸르륵 화산이 폭발하듯 배는 부글거리는데, 명명이는 화장실까지 쫓아와 놀려 댔다. 이 화를 잠재울 소화기가 필요하다.

이 창피함은 잊지 않으리! 두고 보자!

• 총총이는 자신의 배 속 상태를 어떻게 표현했나요?

💬 ＿＿＿＿＿＿이 폭발할 것 같다.

• 명명이의 놀림을 받아 화가 난 총총이는 무엇이 필요하다고 했나요?

💬 화를 잠재우기 위해 ＿＿＿＿＿가 필요하다.

소화기

소火기

꺼질 **소** 불 **화** 그릇 **기**

불을 끄는 기구

화산

火산

불 **화** 뫼 **산**

땅속에 있는 마그마가 **불**처럼 폭발해서 만들어진 산

2 뜻풀이를 각각 읽고 빈칸을 채워 어휘를 완성하세요.

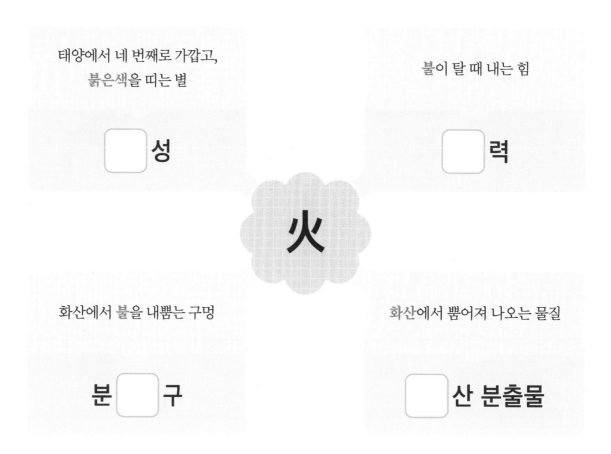

태양에서 네 번째로 가깝고,
붉은색을 띠는 별

☐ 성

불이 탈 때 내는 힘

☐ 력

火

화산에서 불을 내뿜는 구멍

분 ☐ 구

화산에서 뿜어져 나오는 물질

☐ 산 분출물

3 '화(火)'의 뜻을 떠올리며 밑줄 친 곳에 공통으로 들어갈 글자를 쓰세요.

화상은 _____ 이나 뜨거운 물 등에 데었을 때 일어나는 피부 상처야.

분화구는 화산에서 _____ 을 내뿜는 구멍을 가리키지.

4 다음 중 '화(火)'가 쓰이지 않은 어휘를 찾아 ○ 하세요.

화산   화재   분화구   화장실   소화기

5 문장을 각각 읽고 밑줄 친 곳에 들어갈 알맞은 어휘를 찾아 연결하세요.

23
일차

뉴스에 _____을 탐사하는 우주선이 나왔다.   ·   ·   화력

마른 장작은 _____이 좋다.   ·   ·   화성

_____ 폭발로 인해 마을이 흔적도 없이 사라졌다.   ·   ·   소화기

안전 교육 시간에 소방관이 _____ 사용법을 알려 주었다.   ·   ·   화산

6 제시된 어휘 중 알맞은 것을 활용하여 문장을 완성하세요.

화상
vs
화성

✒ 멍멍이는 라면이 든 냄비를 쏟는 바람에 발등에

_____ 입었다.

화력
vs
화산 분출물

✒ _____ 고체, 액체, 기체 상태의

여러 가지 물질로 이루어져 있다.

어휘랑 총정리

1 빈칸에 공통으로 들어가는 글자를 찾아 연결하세요.

□압

일□도

짝□

자연□

가□수

등□

· 나눌 분(分)

· 셀 수(數)

· 기운 기(氣)

2 문장을 각각 읽고 내용에 알맞은 어휘를 골라 ○ 하세요.

📢 0은 짝수도 홀수도 아닌 (소수 / 정수 / 배수 / 경우의 **수**)이다.

📢 (지구 **온**난화 / **온**도 / **온**수 / **온**실)로 인해 북극곰이 살 곳이 사라지고 있다.

📢 총총이 엄마는 (공**기** / 수증**기** / 일**기**도 / **기**포)가 좋지 않다며 창문을 닫았다.

📢 제주도는 (**화**상 / **화**산 / **화**력 / **화**성)이 폭발하여 만들어진 섬이다.

112

3 채팅 속 빈칸에 들어갈 글자를 쓰고, 같은 한자가 들어간 어휘를 찾아 묶으세요.

랑랑쌤 패밀리 단톡방

심심
주말 아침에 가족들이랑 등산을 갔는데 말이야.
지나가다 거미줄을 건드린 거 있지. 얼마나 놀랐던지~

거미가 얼마나 작고 귀여운데….
난 동◻ 중에 거미가 제일 좋더라.

랑랑쌤
오호~ 보통 거미를 곤충으로 생각하는데
제대로 알고 있네? 제법인걸~

대	물	렌	즈	경	가
즐	운	바	해	둥	다
표	동	를	혼	험	한
지	물	이	현	합	교
한	놀	의	움	민	물
깥	미	생	물	재	것

113

4 가로세로 열쇠의 뜻풀이를 읽고 퍼즐을 완성하세요.

	❶		❷❷ 온(溫)		
				❹	
❶	산(算)			❹ 화(火)	
		❸			
		❸ 생(生)			

가로 열쇠

❶ 수나 식을 풀어 값을 구함
❷ 차갑고 따뜻한 정도
❸ 생물이 자식을 낳아 남기는 활동
❹ 불이 탈 때 내는 힘

세로 열쇠

❶ 덧셈, 뺄셈, 곱셈, 나눗셈을 이용하여 계산함
❷ 따뜻하게 데워진 물
❸ 서로 다른 생물이 함께 살며, 도움을 주고받는 관계
❹ 불을 끄는 기구

5 보기 속 어휘를 활용하여 문장을 완성하세요.

> **보기**
>
> 생명체   수증기   분류   계산   기온

예시 마트에 간 총총이 아빠는 과자 두 봉지 값을 ___계산하고___ 돈을 냈다.

🖋 사과와 바나나는 과일로, 당근과 오이는 채소로 _____

🖋 목욕탕의 문을 열자, 뿌연 _____ 때문에 앞이 잘 보이지 않았다.

🖋 랑랑쌤은 해가 지면 _____ 내려간다며 목도리와 장갑을 챙겼다.

🖋 명명이는 지구가 아닌 곳에도 _____ 있을 수 있다고 생각했다.

6 제시된 어휘를 활용하여 문장을 만드세요.

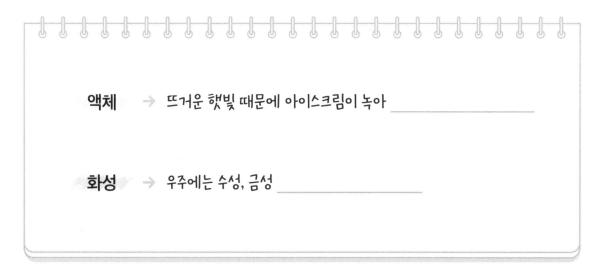

액체 → 뜨거운 햇빛 때문에 아이스크림이 녹아 _____

화성 → 우주에는 수성, 금성 _____

IV

일상생활

매일 4쪽씩
재미있게 공부해요!

場
마당 장

- 운동**장**   · 시**장**
- 정류**장**   · 공**장**

休
쉴 휴

- **휴**식   · **휴**가
- 공**휴**일   · **휴**게소

重
무거울 중

- 체**중**   · **중**요
- 소**중**하다   · 존**중**

入
들 입

- **입**구   · **입**장
- **입**상   · 침**입**

木
나무 목

- **목**발   · **목**마
- 식**목**일   · 수**목**원

先
먼저 선

- **선**배   · 우**선**
- **선**두   · **선**착순

小
작을 소

- **소**포   · **소**인
- 최**소**   · **소**심하다

한자의 뜻과 음을 확인하고 따라 쓰세요.

한자 따라 쓰기

뜻
마당, 장소
장 場
음   모양

✏️ 기본 실용 어휘

1 '장(場)'이 들어간 어휘를 읽어 보고, 뜻풀이에서 한자의 뜻과 연관된 글자에 ○ 하세요.

운동장

운동場

운전할 **운** 움직일 **동** 마당 **장**

운동을 할 수 있는
넓은 **마당**

시장

시場

시장 **시** 마당 **장**

여러 가지 물건을 사고파는 **장소**

💡 아래 글을 읽고 질문에 답하세요.

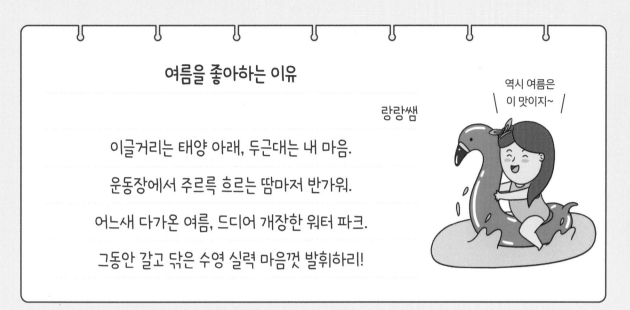

여름을 좋아하는 이유

랑랑쌤

역시 여름은
이 맛이지~

이글거리는 태양 아래, 두근대는 내 마음.

운동장에서 주르륵 흐르는 땀마저 반가워.

어느새 다가온 여름, 드디어 개장한 워터 파크.

그동안 갈고 닦은 수영 실력 마음껏 발휘하리!

24
일차

• 랑랑쌤은 여름을 얼마나 좋아하나요?

   💬 _____ 에서 흘리는 땀마저 반갑다.

• 랑랑쌤이 수영 실력을 뽐낼 수 있게 된 이유는 무엇인가요?

   💬 워터 파크가 _____ 했기 때문이다.

정류장
정류場

머무를 **정** 머무를 **류** 마당 **장**

버스, 택시가 사람을 태우거나
내리기 위해 머무는 **장소**

공장
공場

장인 **공** 마당 **장**

재료를 이용하여 물건을
만들어 내는 **장소**

2 뜻풀이를 각각 읽고 빈칸을 채워 어휘를 완성하세요.

새로운 제품 등이 세상에 나오
거나 작품에서 인물이 나타남

등 ☐

어떤 장소나 작품에서
일이 일어나는 모습

☐ 면

場

많은 사람이 모일 수 있도록
거리에 만들어 놓은 넓은 공간

광 ☐

극장, 시장, 해수욕장 등의
장소에서 영업을 시작함

개 ☐

3 '장(場)'의 뜻을 떠올리며 밑줄 친 곳에 공통으로 들어갈 글자를 쓰세요.

정류장은 버스, 택시가
사람을 태우거나 내리기
위해 머무는 _____ 야.

장면은 어떤 _____ 나
작품에서 일이 일어나는
모습을 가리키지.

4 다음 중 '장(場)'이 쓰이지 않은 어휘를 찾아 ◯ 하세요.

| 시장 | 운동장 | 성장 | 개장 | 등장 |

5 문장을 각각 읽고 밑줄 친 곳에 들어갈 알맞은 어휘를 찾아 연결하세요.

바다에서 잡은 꽁치로 _____에서 통조림을 만들었다. ·   · 장면

영화가 끝난 뒤, 총총이와 미미는 가장 기억에 남는 _____ 에 대해 이야기했다. ·   · 공장

랑랑쌤은 _____에서 버스를 기다렸다. ·   · 광장

수많은 사람이 _____에 모여 월드컵 대표팀을 응원했다. ·   · 정류장

6 제시된 어휘 중 알맞은 것을 활용하여 문장을 완성하세요.

시장
VS
광장

✎ _____ 질 좋은 물건을 한곳에서 쉽게 구할 수 있다.

등장
VS
개장

✎ 무대 위에 아이돌이 _____ 미미가 소리를 질렀다.

121

공부한 날 _____ 월 _____ 일

한자의 뜻과 음을 확인하고 따라 쓰세요.

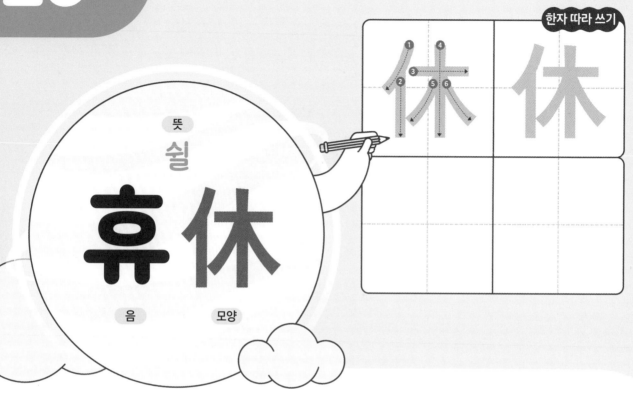

뜻 쉴

휴 休

음 모양

한자 따라 쓰기

✎ 기본 실용 어휘

1 '휴(休)'가 들어간 어휘를 읽어 보고, 뜻풀이에서 한자의 뜻과 연관된 글자에 ◯ 하세요.

휴식	휴가
休식	**休**가
쉴 **휴** 숨쉴 식	쉴 **휴** 겨를 가

하던 일을 멈추고 잠깐

학교, 직장, 군대 등에서
일정한 기간 동안 **쉬는** 일

💡 아래 글을 읽고 질문에 답하세요.

총총이 남매와 엄마의 대화

명명 방금 무시무시한 바람 소리 들었어?

총총 그래도 좋아. 태풍은 무섭지만,

덕분에 집에서 휴식을 즐길 수 있잖아.

엄마 한여름에 이불 뒤집어쓰고 뭐 하는 거야?

태풍 때문에 휴교했는데 학교에 보낼 수도 없고….

지금 네 얼굴이 제일 무섭거든?

25 일차

• 총총이가 태풍이 와도 좋다고 한 이유는 무엇인가요?

✍ 집에서 _____을 즐길 수 있다.

• 엄마는 왜 총총이와 명명이를 학교에 보낼 수 없나요?

✍ 학교가 태풍 때문에 _____했기 때문이다.

공휴일
공休일
공평할 **공** 쉴 **휴** 날 **일**

나라에서 정하여 다 함께 **쉬는** 날

휴게소
休게소
쉴 **휴** 쉴 **게** 바 **소**

길을 가는 사람들이
잠깐 머물러 **쉬는** 장소

💡 아래 글을 읽고 질문에 답하세요.

7월 12일 월요일 비가 보슬보슬

제목 : 라이벌 등장

아침부터 학교가 떠들썩했다. 알고 보니 우리 학교 출신 연예인이

왔다는데 실제로 보니 감탄이 절로 나왔다.

주먹만 한 얼굴 크기며, 나보다 최소 두 배는 긴 다리 길이까지….

사진을 찍고 싶었는데 소심해서 말도 못 걸었다. 슬펐다.

절대
지지 않겠어!

30
일차

• 미미는 연예인의 키가 얼마나 된다고 생각했나요?

　　　　　💬 자신보다 다리 길이가 ＿＿＿＿＿＿＿＿ 두 배는 길다.

• 미미가 연예인과 같이 사진을 찍지 못한 이유는 무엇인가요?

　　　　　💬 ＿＿＿＿＿＿＿＿ 말을 붙이지 못했기 때문이다.

최소

최小

가장 **최** 작을 소

수나 정도가 가장 **작음**

소심하다

小심하다

작을 소 마음 **심** 하다

용감하지 못하고 **조심성**이 많다.

143

2 뜻풀이를 각각 읽고 빈칸을 채워 어휘를 완성하세요.

음식을 적게 먹음

□식

모양이나 크기를 줄여서 작게 함

축□

같은 종류의 물건 가운데
작은 크기

□형

사실보다 작거나 약하게 평가함

과□평가

小

3 '소(小)'의 뜻을 떠올리며 밑줄 친 곳에 공통으로 들어갈 글자를 쓰세요.

소포는 _____ 포장하여
보내는 물건이야.

축소는 모양이나 크기를
줄여서 _____ 하는 걸
말해.

144

4 다음 중 '소(小)'가 쓰이지 않은 어휘를 찾아 ◯ 하세요.

소형   소심하다   청소   최소   소인

5 문장을 각각 읽고 밑줄 친 곳에 들어갈 알맞은 어휘를 찾아 연결하세요.

시골에 계신 할머니가 보낸 _____에는 들깨와 참기름이 들어 있었다.   •   •   소식

랑랑쌤은 아무리 맛있는 음식이 있어도 _____ 한다.   •   •   소포

학교에서 학원까지 걸어가는 데 _____ 15분이 걸린다.   •   •   과소평가

이번 축구에서 진 이유는 상대의 실력을 _____ 한 데 있다.   •   •   최소

6 제시된 어휘 중 알맞은 것을 활용하여 문장을 완성하세요.

소인
vs
소형

✎ 메가 놀이공원의 행사 덕에 _____ 무료로 입장 할 수 있다.

최소
vs
축소

✎ 미술관에는 실제 건물을 _____ 작품이 전시되 었다.

어휘랑 총정리

1 빈칸에 공통으로 들어가는 글자를 찾아 연결하세요.

운동 ☐

☐ 면

・

 ・ 마당 장(場)

몰 ☐

선 ☐ 견

・

 ・ 작을 소(小)

최 ☐

☐ 심하다

・

 ・ 들 입(入)

2 문장을 각각 읽고 내용에 알맞은 어휘를 골라 ○ 하세요.

🔊 메가 버터칩의 주문이 늘어나자, (시**장** / 정류**장** / 공**장** / 광**장**)이 쉴 새 없이 돌아갔다.

🔊 심심이는 인터넷 강의를 보다가 잠시 (**휴**식 / **휴**업 / **휴**교 / **휴**전) 시간을 가졌다.

🔊 설날, 총총이는 조상님께 (소**중**하게 / 신**중**하게 / **중**요하게 / 정**중**하게) 절을 했다.

🔊 백화점 주차장의 (**입**구 / **입**장 / **입**상 / **입**양)부터 차들이 줄을 섰다.

3 채팅 속 빈칸에 들어갈 글자를 쓰고, 같은 한자가 들어간 어휘를 찾아 묶으세요.

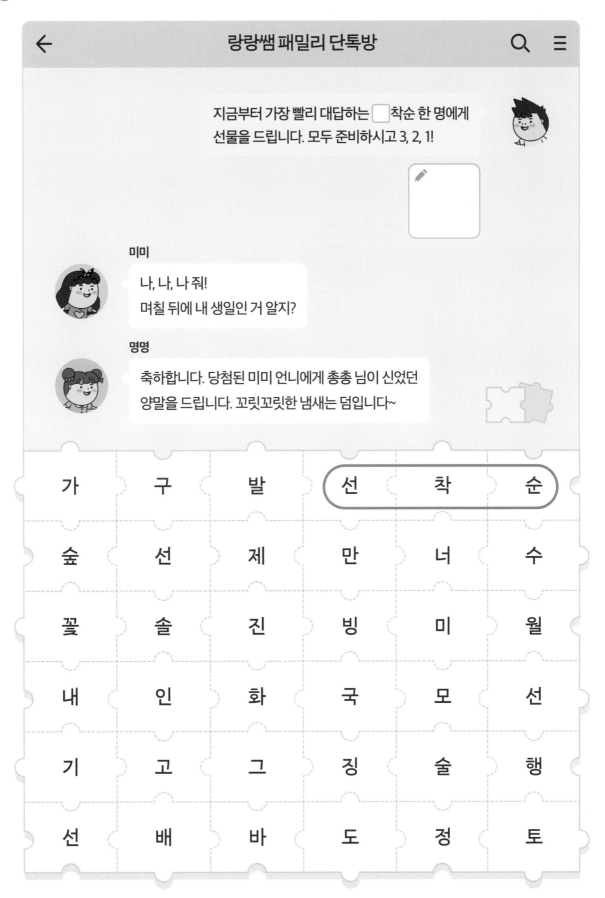

랑랑쌤 패밀리 단톡방

지금부터 가장 빨리 대답하는 ☐착순 한 명에게 선물을 드립니다. 모두 준비하시고 3, 2, 1!

미미
나, 나, 나 줘!
며칠 뒤에 내 생일인 거 알지?

명명
축하합니다. 당첨된 미미 언니에게 총총 님이 신었던 양말을 드립니다. 꼬릿꼬릿한 냄새는 덤입니다~

가	구	발	선	착	순
숲	선	제	만	너	수
꽃	솔	진	빙	미	월
내	인	화	국	모	선
기	고	그	징	술	행
선	배	바	도	정	토

4 가로세로 열쇠의 뜻풀이를 읽고 퍼즐을 완성하세요.

❶				❷	❷
					목(木)
❶ 중(重)					
		❸❸ 휴(休)			
				❹❹ 선(先)	

가로 열쇠

❶ 물건의 무거운 정도

❷ 숲에서 나무를 벰

❸ 학교, 직장, 군대 등에서 일정한 기간 동안 쉬는 일

❹ 앞장서서 이끌거나 안내함

세로 열쇠

❶ 매우 조심스러움

❷ 다리가 불편한 사람이 겨드랑이에 끼고 걷는 나무로 된 지팡이

❸ 길을 가는 사람들이 잠깐 머물러 쉬는 장소

❹ 태어날 때부터 이미 지니고 있는 것

148

5 보기 속 어휘를 활용하여 문장을 완성하세요.

> **보기**
>
> 입상   공휴일   소포   정류장   수목원

(예시) 명명이는 집 앞 버스 **정류장에서** 미미와 만나기로 약속했다.

💬 주말마다 ＿＿＿＿＿＿＿＿＿ 꽃나무들을 구경하려는 사람들로 가득했다.

💬 피아노를 열심히 연습한 미미는 대회에서 ＿＿＿＿＿＿＿＿＿

💬 어린이날은 1975년에 우리나라의 ＿＿＿＿＿＿＿＿＿ 정해졌다.

💬 총총이 엄마는 우체국에 가서 할머니께 ＿＿＿＿＿＿＿＿＿ 부쳤다.

6 제시된 어휘를 활용하여 문장을 만드세요.

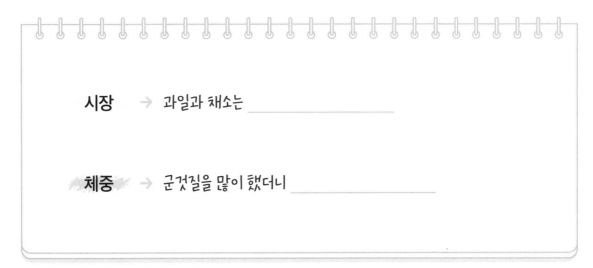

시장 → 과일과 채소는 ＿＿＿＿＿＿＿＿＿

체중 → 군것질을 많이 했더니 ＿＿＿＿＿＿＿＿＿

학습 어휘 찾아보기

이서윤쌤의
초등 한자 어휘
끝내기

이서윤쌤의
초등 한자 어휘
끝내기

습관이 실력이 되는 **주요** 과목 필수 어휘 학습

이서윤쌤의

초등 한자 어휘
끝내기

1단계

정답

메가스터디BOOKS

이서윤쌤의

초등 한자 어휘
끝내기

1단계

정답

국어

1 일차

공부한 날 _____ 월 _____ 일

한자의 뜻과 음을 확인하고 따라 쓰세요.

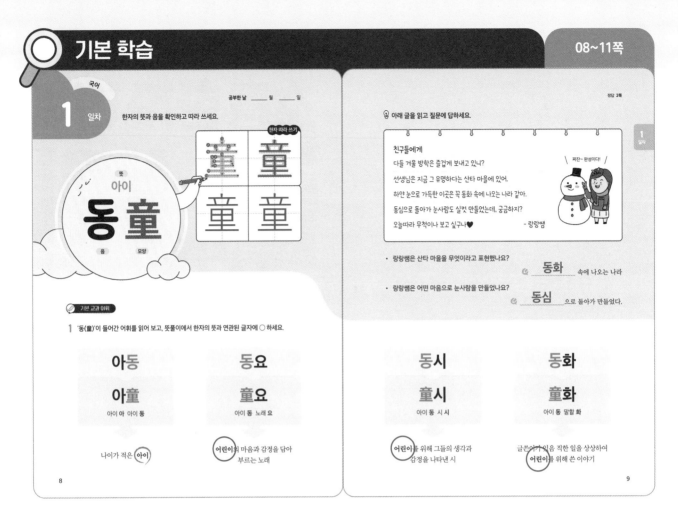

뜻 **아이**

동 童

음 모양

한자 따라 쓰기

童 童
童 童

기본 교과 어휘

1 '동(童)'이 들어간 어휘를 읽어 보고, 뜻풀이에서 한자의 뜻과 연관된 글자에 ○ 하세요.

아동
아童
아이 아 아이 동
나이가 적은 (아이)

동요
童요
아이 동 노래 요
(어린이)의 마음과 감정을 담아 부르는 노래

정답 2쪽

1 일차

아래 글을 읽고 질문에 답하세요.

친구들에게

다들 겨울 방학은 즐겁게 보내고 있니?

선생님은 지금 그 유명하다는 산타 마을에 있어.

하얀 눈으로 가득한 이곳은 꼭 동화 속에 나오는 나라 같아.

동심으로 돌아가 눈사람도 실컷 만들었는데, 궁금하지?

오늘따라 무척이나 보고 싶구나♥   - 랑랑쌤

짠잔~ 완성이다!

• 랑랑쌤은 산타 마을을 무엇이라고 표현했나요?
  ✎ __동화__ 속에 나오는 나라

• 랑랑쌤은 어떤 마음으로 눈사람을 만들었나요?
  ✎ __동심__ 으로 돌아가 만들었다.

동시
童시
아이 동 시 시
(어린이)를 위해 그들의 생각과 감정을 나타낸 시

동화
童화
아이 동 말할 화
글쓴이가 있음 직한 일을 상상하여 (어린이)를 위해 쓴 이야기

8

9

교과 어휘 확장

2 뜻풀이를 각각 읽고 빈칸을 채워 어휘를 완성하세요.

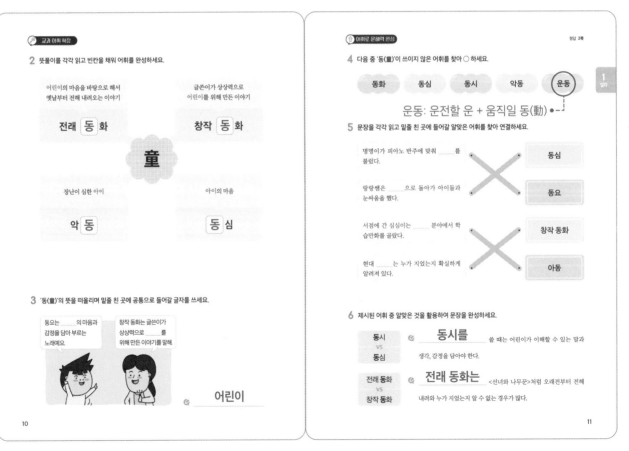

어린이의 마음을 바탕으로 해서 옛날부터 전해 내려오는 이야기

전래 동화

글쓴이가 상상력으로 어린이를 위해 만든 이야기

창작 동화

童

장난이 심한 아이

악 동

아이의 마음

동 심

3 '동(童)'의 뜻을 떠올리며 밑줄 친 곳에 공통으로 들어갈 글자를 쓰세요.

동요는 ___의 마음과 감정을 담아 부르는 노래에요.

창작 동화는 글쓴이가 상상력으로 ___를 위해 만든 이야기를 말해.

✎ __어린이__

어휘로 문해력 완성

정답 2쪽

1 일차

4 다음 중 '동(童)'이 쓰이지 않은 어휘를 찾아 ○ 하세요.

동화   동심   동시   악동   (운동)

운동: 운전할 운 + 움직일 동(動)

5 문장을 각각 읽고 밑줄 친 곳에 들어갈 알맞은 어휘를 찾아 연결하세요.

명명이가 피아노 반주에 맞춰 ___를 불렀다. — **동심**

랑랑쌤은 ___으로 돌아가 아이들과 눈싸움을 했다. — **동요**

서점에 간 심술이는 ___ 분야에서 학습만화를 골랐다. — **창작 동화**

현대 ___는 누가 지었는지 확실하게 알려져 있다. — **아동**

6 제시된 어휘 중 알맞은 것을 활용하여 문장을 완성하세요.

동시
vs
동심

동시를 ___ 쓸 때는 어린이가 이해할 수 있는 말과 생각, 감정을 담아야 한다.

전래 동화
vs
창작 동화

전래 동화는 <선녀와 나무꾼>처럼 오래전부터 전해 내려와 누가 지었는지 알 수 없는 경우가 많다.

10

11

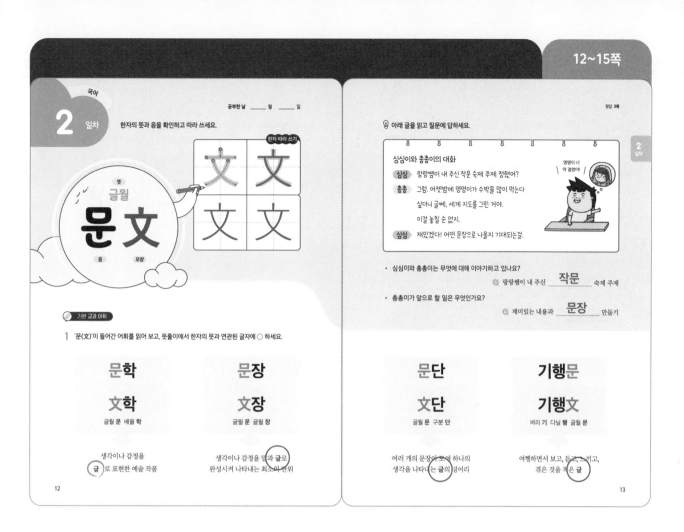

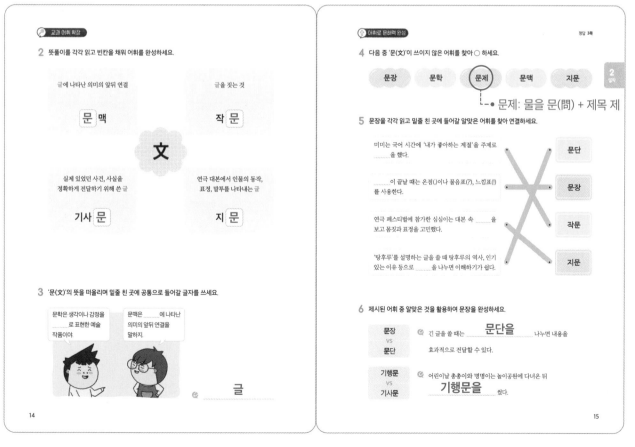

3

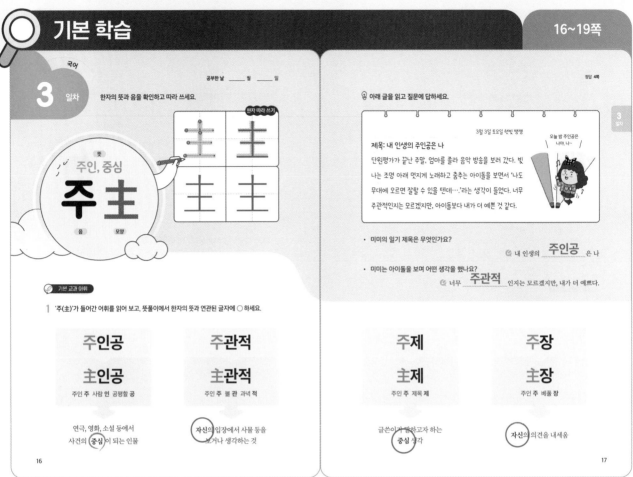

국어

3 일차

공부한 날 ____ 월 ____ 일

한자의 뜻과 음을 확인하고 따라 쓰세요.

한자 따라 쓰기

뜻
주인, 중심

주 主

음　　모양

主　主
主　主

기본 교과 어휘

1 '주(主)'가 들어간 어휘를 읽어 보고, 뜻풀이에서 한자의 뜻과 연관된 글자에 ○하세요.

주인공
主인공
주인 주 사람 인 공평할 공

연극, 영화, 소설 등에서
사건의 (중심)이 되는 인물

주관적
主관적
주인 주 볼 관 과녁 적

(자신)의 입장에서 사물 등을
보거나 생각하는 것

16

정답 4쪽

아래 글을 읽고 질문에 답하세요.

3월 3일 토요일 햇빛 쨍쨍

오늘 밤 주인공은
나야, 나~

제목: 내 인생의 주인공은 나

단원평가가 끝난 주말. 엄마를 졸라 음악 방송을 보러 갔다. 빛
나는 조명 아래 멋지게 노래하고 춤추는 아이돌을 보면서 '나도
무대에 오르면 잘할 수 있을 텐데…'라는 생각이 들었다. 너무
주관적인지는 모르겠지만, 아이돌보다 내가 더 예쁜 것 같다.

• 미미의 일기 제목은 무엇인가요?
　　　　　　　　　　　　🖉 내 인생의 **주인공** 은 나

• 미미는 아이돌을 보며 어떤 생각을 했나요?
　　　　　　🖉 너무 **주관적** 인지는 모르겠지만, 내가 더 예쁘다.

주제
主제
주인 주 제목 제

글쓴이가 말하고자 하는
(중심) 생각

주장
主장
주인 주 베풀 장

(자신)의 의견을 내세움

17

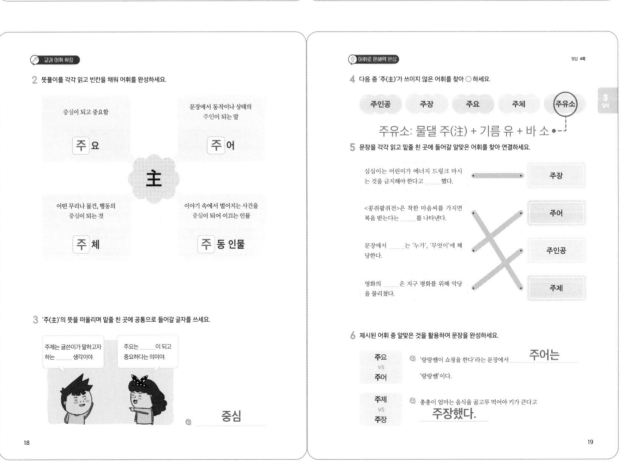

교과 어휘 확장

2 뜻풀이를 각각 읽고 빈칸을 채워 어휘를 완성하세요.

중심이 되고 중요함
주 요

문장에서 동작이나 상태의
주인이 되는 말
주 어

主

어떤 무리나 물건, 행동의
중심이 되는 것
주 체

이야기 속에서 벌어지는 사건을
중심이 되어 이끄는 인물
주 동 인물

3 '주(主)'의 뜻을 떠올리며 밑줄 친 곳에 공통으로 들어갈 글자를 쓰세요.

주제는 글쓴이가 말하고자
하는 _____ 생각이야.

주요는 _____ 이 되고
중요하다는 의미야.

🖉 　　　　　　중심

18

정답 4쪽

어휘로 문해력 완성

4 다음 중 '주(主)'가 쓰이지 않은 어휘를 찾아 ○하세요.

주인공　　주장　　주요　　주체　　(주유소)

주유소: 물댈 주(注) + 기름 유 + 바 소

5 문장을 각각 읽고 밑줄 친 곳에 들어갈 알맞은 어휘를 찾아 연결하세요.

심심이는 어린이가 에너지 드링크 마시
는 것을 금지해야 한다고 _____ 했다.　　　　　　주장

<콩쥐팥쥐전>은 착한 마음씨를 가지면
복을 받는다는 _____ 를 나타낸다.　　　　　　주어

문장에서 _____ 는 '누가', '무엇이'에 해
당한다.　　　　　　주인공

영화의 _____ 은 지구 평화를 위해 악당
을 물리쳤다.　　　　　　주제

6 제시된 어휘 중 알맞은 것을 활용하여 문장을 완성하세요.

주요
vs
주어
🖉 '망망뱀이 쇼핑을 한다'라는 문장에서 _____ 주어는
'망망뱀'이다.

주제
vs
주장
🖉 총총이 엄마는 음식을 골고루 먹어야 키가 큰다고
주장했다.

19

4

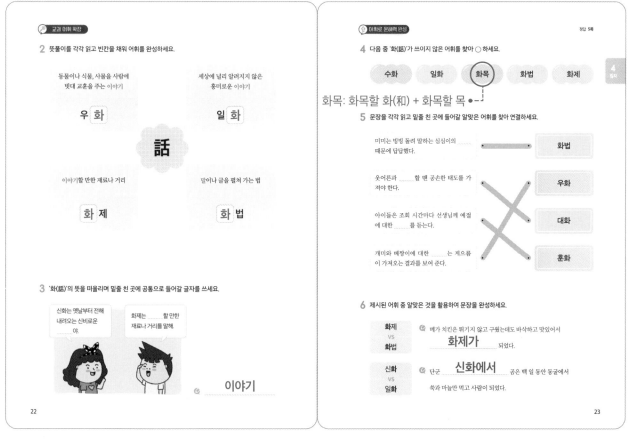

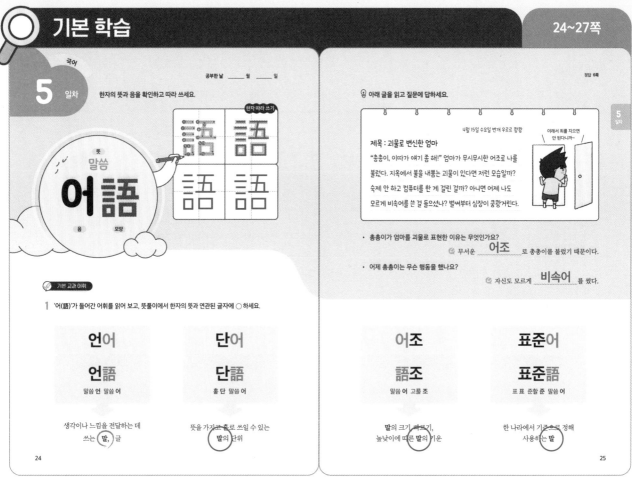

국어

5 일차

공부한 날 ____ 월 ____ 일

한자의 뜻과 음을 확인하고 따라 쓰세요.

한자 따라 쓰기

뜻
말씀
어語
음 모양

정답 6쪽

기본 교과 어휘

1 '어(語)'가 들어간 어휘를 읽어 보고, 뜻풀이에서 한자의 뜻과 연관된 글자에 ○하세요.

언어
언語
말씀 언 말씀 어

생각이나 느낌을 전달하는 데
쓰는 (말,) 글

단어
단語
홑 단 말씀 어

뜻을 가지고 홀로 쓰일 수 있는
(말의) 단위

아래 글을 읽고 질문에 답하세요.

4월 15일 수요일 번개 우르르 쾅쾅

제목 : 괴물로 변신한 엄마

"총총이, 이따가 얘기 좀 해!" 엄마가 무시무시한 어조로 나를
불렀다. 지옥에서 불을 내뿜는 괴물이 있다면 저런 모습일까?
숙제 안 하고 컴퓨터를 한 게 걸린 걸까? 아니면 어제 나도
모르게 비속어를 쓴 걸 들으셨나? 벌써부터 심장이 쿵쾅거린다.

아래서 화를 지으면
안 된다니까~

• 총총이가 엄마를 괴물로 표현한 이유는 무엇인가요?
✏️ 무서운 **어조** 로 총총이를 불렀기 때문이다.

• 어제 총총이는 무슨 행동을 했나요?
✏️ 자신도 모르게 **비속어** 를 썼다.

어조
語조
말씀 어 고를 조

말의 크기, 빠르기,
높낮이에 따른 말의 기운

표준어
표준語
표 표 준할 준 말씀 어

한 나라에서 기준으로 정해
사용하는 말

24

25

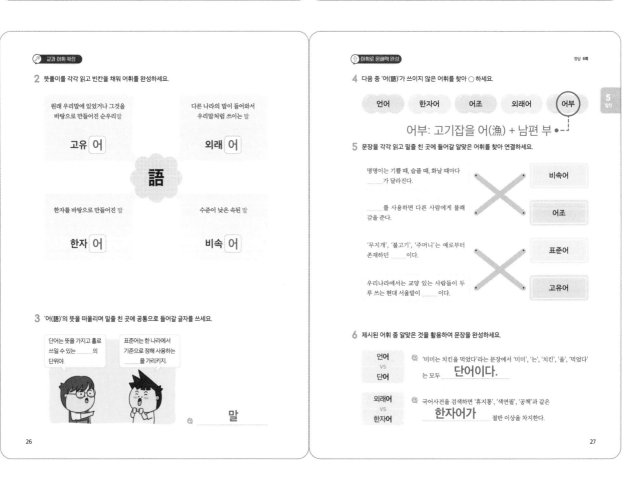

교과 어휘 확장

2 뜻풀이를 각각 읽고 빈칸을 채워 어휘를 완성하세요.

원래 우리말에 있었거나 그것을
바탕으로 만들어진 순우리말

고유 어

다른 나라의 말이 들어와서
우리말처럼 쓰이는 말

외래 어

語

한자를 바탕으로 만들어진 말

한자 어

수준이 낮은 속된 말

비속 어

3 '어(語)'의 뜻을 떠올리며 밑줄 친 곳에 공통으로 들어갈 글자를 쓰세요.

단어는 뜻을 가지고 홀로
쓰일 수 있는 _____ 의
단위야.

표준어는 한 나라에서
기준으로 정해 사용하는
_____ 을 가리키지.

✏️ **말**

어휘로 문해력 완성

정답 6쪽

4 다음 중 '어(語)'가 쓰이지 않은 어휘를 찾아 ○하세요.

언어   한자어   어조   외래어   (어부)

어부: 고기잡을 어(漁) + 남편 부

5 문장을 각각 읽고 밑줄 친 곳에 들어갈 알맞은 어휘를 찾아 연결하세요.

명명이는 기쁠 때, 슬플 때, 화날 때마다
_____ 가 달라진다.

비속어

_____ 를 사용하면 다른 사람에게 불쾌
감을 준다.

어조

'무지개', '불고기', '주머니'는 예로부터
존재하던 _____ 이다.

표준어

우리나라에서는 교양 있는 사람들이 두
루 쓰는 현대 서울말이 _____ 이다.

고유어

6 제시된 어휘 중 알맞은 것을 활용하여 문장을 완성하세요.

언어
vs
단어

✏️ '미미는 치킨을 먹었다'라는 문장에서 '미미', '는', '치킨', '을', '먹었다'
는 모두 **단어이다.**

외래어
vs
한자어

✏️ 국어사전을 검색하면 '휴지통', '색연필', '공책'과 같은
한자어가 절반 이상을 차지한다.

26

27

알아서 배운 내용을 마무리하며 확실하게 내 것으로 만들어요!
어휘랑 총정리

공부한 날 _____ 월 _____ 일

1 빈칸에 공통으로 들어가는 글자를 찾아 연결하세요.

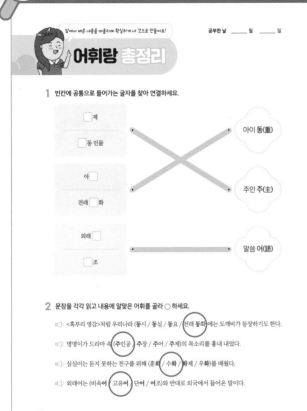

☐제
☐동 인물   아이 동(童)

☐아
전래 ☐화   주인 주(主)

외래 ☐
☐조   말씀 어(語)

2 문장을 각각 읽고 내용에 알맞은 어휘를 골라 ○하세요.

🔊 <흑부리 영감>처럼 우리나라 (동시 / 동심 / 동요 / ⟨전래 동화⟩)에는 도깨비가 등장하기도 한다.

🔊 멍멍이가 드라마 속 (⟨주인공⟩ / 주장 / 주어 / 주제)의 목소리를 흉내 내었다.

🔊 심심이는 듣지 못하는 친구를 위해 (훈화 / 수화 / 화제 / 우화)를 배웠다.

🔊 외래어는 (비속어 / ⟨고유어⟩ / 단어 / 어조)와 반대로 외국에서 들어온 말이다.

3 채팅 속 빈칸에 들어갈 글자를 쓰고, 같은 한자가 들어간 어휘를 찾아 묶으세요.

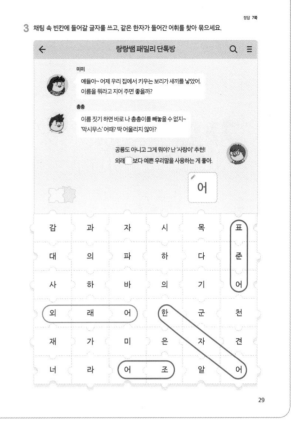

랑랑쌤 패밀리 단톡방

미미
애들아~ 어제 우리 집에서 키우는 보리가 새끼를 낳았어.
이름을 뭐라고 지어 주면 좋을까?

총총
이름 짓기 하면 바로 나 총총이를 빼놓을 수 없지~
'막시무스' 어때? 딱 어울리지 않아?

공룡도 아니고 그게 뭐야? 난 '사랑이' 추천!
외래 ☐ 보다 예쁜 우리말을 사용하는 게 좋아.

[어]

감	과	자	시	목	표
대	의	파	하	다	준
사	하	바	의	기	어
외	래	어	한	군	천
재	가	미	은	자	견
너	라	어	조	알	어

4 가로세로 열쇠의 뜻풀이를 읽고 퍼즐을 완성하세요.

		❶신	❶화(話)		
			제		
			❷언	❷어(語)	
❸❸주(主)	장			조	
어			❹작		
			❹문(文)	단	

가로 열쇠
❶ 옛날부터 전해 내려오는 신비로운 이야기
❷ 생각이나 느낌을 전달하는 데 쓰는 말, 글
❸ 자신의 의견을 내세움
❹ 여러 개의 문장이 모여 하나의 생각을 나타내는 글의 덩어리

세로 열쇠
❶ 이야기할 만한 재료나 거리
❷ 말의 크기, 빠르기, 높낮이에 따른 말의 기운
❸ 문장에서 동작이나 상태의 주인이 되는 말
❹ 글을 짓는 것

5 보기 속 어휘를 활용하여 문장을 완성하세요.

보기

동시   주체   신화   문맥   단어

예시 총총이는 그리스 신화의 포세이돈처럼 힘이 세면 좋겠다고 생각했다.

✏ 미미는 '가을'을 주제로 __동시를__ 지어 친구들에게 들려주었다.

✏ __단어의__ 뜻을 모를 때에는 사전을 찾아보면 알 수 있다.

✏ 가을 운동회는 학생들이 __주체가__ 되어 성공적으로 치러졌다.

✏ 랑랑쌤은 아이들이 쓴 글을 보며 __문맥에__ 맞지 않는 부분을 표시했다.

6 제시된 어휘를 활용하여 문장을 만드세요.

주요 → 신문 기사의 제목을 통해 예시 **주요 내용을 알 수 있다.**

언어 → 심심이는 영어, 중국어 등 여러 예시 **언어를 할 줄 안다.**

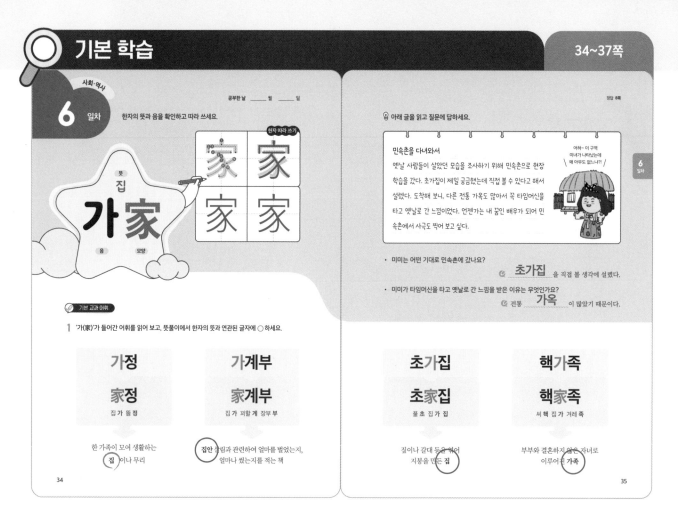

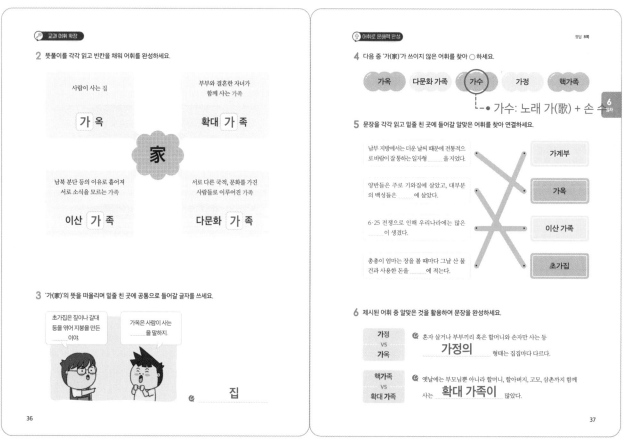

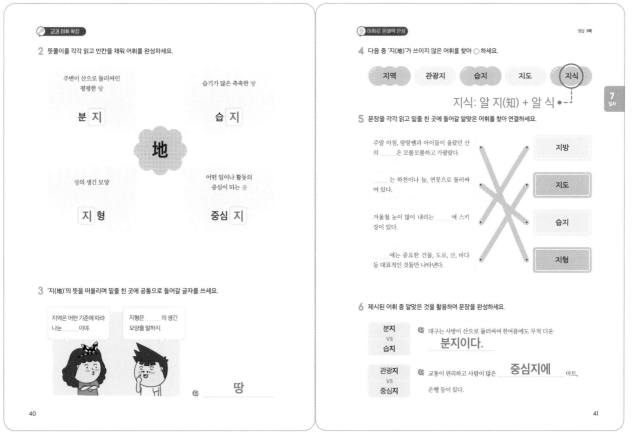

사회·역사

8 일차

공부한 날 _____ 월 _____ 일

한자의 뜻과 음을 확인하고 따라 쓰세요.

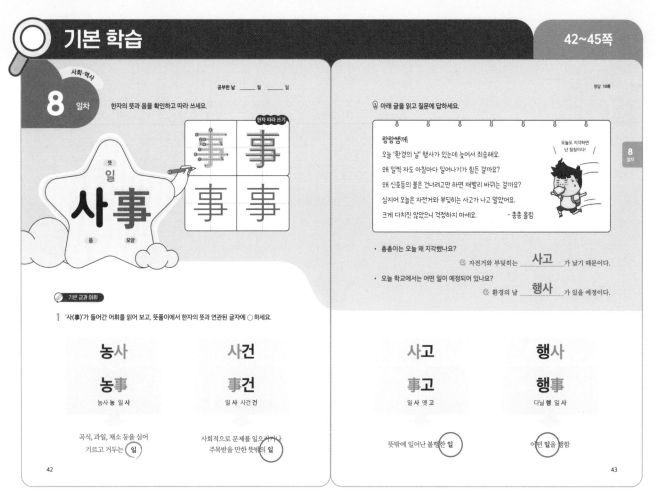

한자 따라 쓰기

뜻 일
음
사 事
모양

기본 교과 어휘

1 '사(事)'가 들어간 어휘를 읽어 보고, 뜻풀이에서 한자의 뜻과 연관된 글자에 ○하세요.

농사
농事
농사 농 일 사
곡식, 과일, 채소 등을 심어
기르고 거두는 **일**

사건
事건
일 사 사건 건
사회적으로 문제를 일으키거나
주목받을 만한 뜻밖의 **일**

정답 10쪽

🧐 아래 글을 읽고 질문에 답하세요.

랑랑쌤께

오늘 '환경의 날' 행사가 있는데 늦어서 죄송해요.

왜 일찍 자도 아침마다 일어나기가 힘든 걸까요?

왜 신호등의 불은 건너려고만 하면 재빨리 바뀌는 걸까요?

심지어 오늘은 자전거와 부딪히는 사고가 나고 말았어요.

크게 다치진 않았으니 걱정하지 마세요.

오늘도 지각하면
난 천재이다!

- 총총 올림

• 총총이는 오늘 왜 지각했나요?

    ✎ 자전거와 부딪히는 __사고__ 가 났기 때문이다.

• 오늘 학교에서는 어떤 일이 예정되어 있나요?

    ✎ 환경의 날 __행사__ 가 있을 예정이다.

사고
事고
일 사 옛 고
뜻밖에 일어난 불행한 **일**

행사
행事
다닐 행 일 사
어떤 **일**을 행함

교과 어휘 확장

2 뜻풀이를 각각 읽고 빈칸을 채워 어휘를 완성하세요.

살림살이에 관한 일
가 사

축하할 만한 기쁜 일
경 사

事

비참하고 끔찍한 일
참 사

일이 되어 가는 상황이나 상태
사 태

3 '사(事)'의 뜻을 떠올리며 밑줄 친 곳에 공통으로 들어갈 글자를 쓰세요.

사고는 뜻밖에 일어난 불행한 ___이야.

가사는 살림살이에 관한 ___을 말해.

    ✎ ___ 일

어휘로 문해력 완성

정답 10쪽

4 다음 중 '사(事)'가 쓰이지 않은 어휘를 찾아 ○하세요.

행사   경사   사진   사고   사태

└-- ▶ 사진: 베낄 사(寫) + 참 진

5 문장을 각각 읽고 밑줄 친 곳에 들어갈 알맞은 어휘를 찾아 연결하세요.

집안 ___ 에는 생일잔치, 장례식, 제사 등이 있다.

총총이 아빠가 회사에서 승진하여 집안에 ___가 생겼다.

가뭄이 심해지자, 물 부족 ___가 벌어졌다.

멍멍이네 반에서 발생한 도난 ___으로 학교가 발칵 뒤집혔다.

경사
행사
사건
사태

6 제시된 어휘 중 알맞은 것을 활용하여 문장을 완성하세요.

행사
vs
참사

    ✎ 산이 무너져 수많은 사람이 죽고 다치는 __참사가__ 일어났다.

농사
vs
가사

    ✎ 올해는 __농사가__ 잘되어 농부들의 얼굴이 밝았다.

42

43

44

45

10

사회·역사

9 일차

공부한 날 _____ 월 _____ 일

한자의 뜻과 음을 확인하고 따라 쓰세요.

한자 따라 쓰기

뜻 마을
촌村
음   모양

기본 교과 어휘

1 '촌(村)'이 들어간 어휘를 읽어 보고, 뜻풀이에서 한자의 뜻과 연관된 글자에 ○ 하세요.

농촌
농村
농사 농 마을 촌

농사를 짓는 사람들이
모여 사는 (마을)

어촌
어村
고기잡을 어 마을 촌

고기잡이를 하는 사람들이
모여 사는 바닷가 (마을)

46

아래 글을 읽고 질문에 답하세요.

정답 11쪽

부모님께

엄마, 아빠! 저는 어른이 되면 미스코리아가 되고 싶어요.
지구촌 곳곳에 빛나는 이 미모를 알리고 싶거든요. 깊은 산촌에
가도 모르는 사람이 없을 정도로 말이에요. 친구 심심이는 꿈이
너무 야무지다고 하지만 원래 꿈은 클수록 좋은 거 아니겠어요?
저는 반드시 이루어 낼 거예요!
                                        - 미미 올림

내 미모는
세계 공통이야!

• 미미의 꿈은 무엇인가요?
  ✍ 미스코리아가 되어 **지구촌** 곳곳에 미모를 알리고 싶다.

• 미미는 얼마나 유명해지고 싶나요?
  ✍ 깊은 **산촌** 에도 모르는 사람이 없을 만큼 유명해지고 싶다.

민속촌
민속村
백성 민 풍속 속 마을 촌

전통을 지키고 보여 주기 위해
옛날 모습을 그대로 간직한 (마을)

지구촌
지구村
땅 지 공구 마을 촌

지구 전체를 한 (마을)처럼
가깝게 여기는 말

47

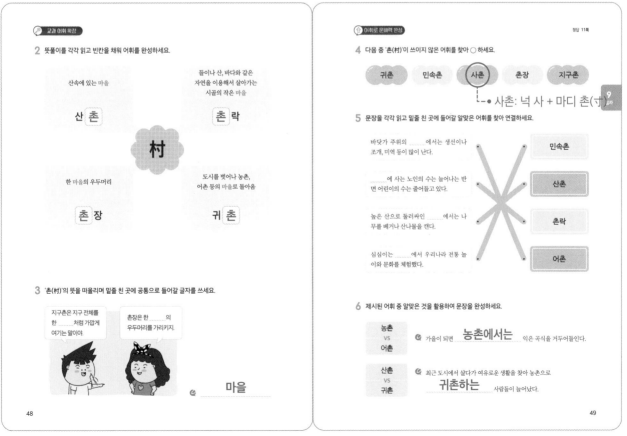

교과 어휘 확장

2 뜻풀이를 각각 읽고 빈칸을 채워 어휘를 완성하세요.

산속에 있는 마을
산 촌

들이나 산, 바다와 같은
자연을 이용해서 살아가는
시골의 작은 마을
촌 락

村

한 마을의 우두머리
촌 장

도시를 벗어나 농촌,
어촌 등의 마을로 돌아옴
귀 촌

3 '촌(村)'의 뜻을 떠올리며 밑줄 친 곳에 공통으로 들어갈 글자를 쓰세요.

지구촌은 지구 전체를
한 _____ 처럼 가깝게
여기는 말이야.

촌장은 한 _____ 의
우두머리를 가리키지.

✍ _____ 마을

48

어휘로 문해력 완성

정답 11쪽

4 다음 중 '촌(村)'이 쓰이지 않은 어휘를 찾아 ○ 하세요.

귀촌   민속촌   (사촌)   촌장   지구촌

┕• 사촌: 넉 사 + 마디 촌(寸)

5 문장을 각각 읽고 밑줄 친 곳에 들어갈 알맞은 어휘를 찾아 연결하세요.

바닷가 주위의 _____ 에서는 생선이나
조개, 미역 등이 많이 난다.   •   민속촌

_____ 에 사는 노인의 수는 늘어나는 반
면 어린이의 수는 줄어들고 있다.   •   산촌

높은 산으로 둘러싸인 _____ 에서는 나
무를 베거나 산나물을 캔다.   •   촌락

심심이는 _____ 에서 우리나라 전통 놀
이와 문화를 체험했다.   •   어촌

6 제시된 어휘 중 알맞은 것을 활용하여 문장을 완성하세요.

농촌
vs
어촌

✍ 가을이 되면 **농촌에서는** 익은 곡식을 거두어들인다.

산촌
vs
귀촌

✍ 최근 도시에서 살다가 여유로운 생활을 찾아 농촌으로
귀촌하는 사람들이 늘어났다.

49

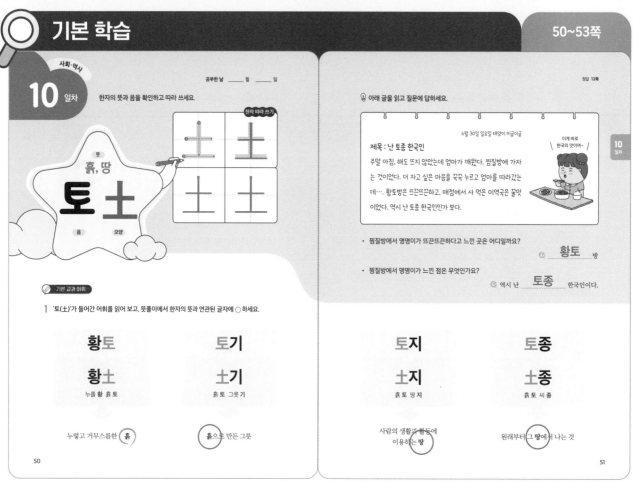

사회·역사

10 일차

한자의 뜻과 음을 확인하고 따라 쓰세요.

뜻
흙, 땅

토 土

음   모양

한자 따라 쓰기

기본 교과 어휘

1 '토(土)'가 들어간 어휘를 읽어 보고, 뜻풀이에서 한자의 뜻과 연관된 글자에 ○ 하세요.

황토
황土
누를 황 흙 토

토기
土기
흙 토 그릇 기

누렇고 거무스름한 (흙)

(흙)으로 만든 그릇

정답 12쪽

아래 글을 읽고 질문에 답하세요.

6월 30일 일요일 태양이 이글이글

제목 : 난 토종 한국인

주말 아침, 해도 뜨지 않았는데 엄마가 깨웠다. 찜질방에 가자
는 것이었다. 더 자고 싶은 마음을 꾹꾹 누르고 엄마를 따라갔는
데…. 황토방은 뜨끈뜨끈하고, 매점에서 사 먹은 미역국은 꿀맛
이었다. 역시 난 토종 한국인인가 보다.

이게 바로
한국의 맛이야~

10 일차

• 찜질방에서 명명이가 뜨끈뜨끈하다고 느낀 곳은 어디일까요?

✎ 황토 방

• 찜질방에서 명명이가 느낀 점은 무엇인가요?

✎ 역시 난 토종 한국인이다.

토지
土지
흙 토 땅 지

토종
土종
흙 토 씨 종

사람의 생활과 활동에
이용하는 (땅)

원래부터 그 (땅)에서 나는 것

50

51

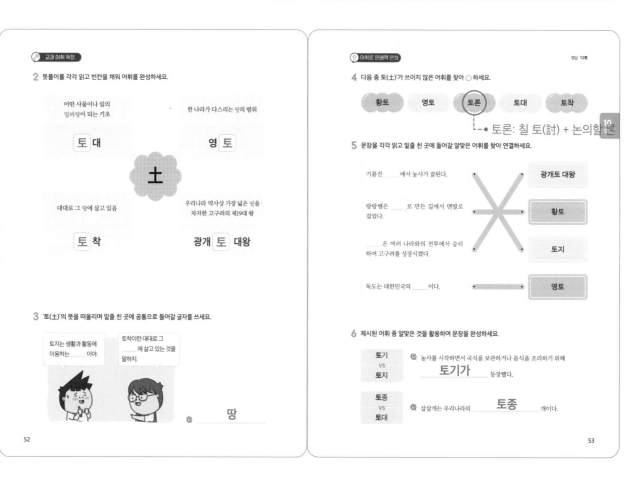

교과 어휘 확장

2 뜻풀이를 각각 읽고 빈칸을 채워 어휘를 완성하세요.

어떤 사물이나 일의
밑바탕이 되는 기초

토 대

한 나라가 다스리는 땅의 범위

영 토

土

대대로 그 땅에 살고 있음

토 착

우리나라 역사상 가장 넓은 땅을
차지한 고구려의 제19대 왕

광개 토 대왕

3 '토(土)'의 뜻을 떠올리며 밑줄 친 곳에 공통으로 들어갈 글자를 쓰세요.

토지는 생활과 활동에
이용하는 ___이야.

토착이란 대대로 그
___에 살고 있는 것을
말하지.

✎ 땅

어휘로 문해력 완성

정답 12쪽

4 다음 중 토(土)가 쓰이지 않은 어휘를 찾아 ○ 하세요.

황토   영토   (토론)   토대   토착

┗-- 토론: 칠 토(討) + 논의할 론

5 문장을 각각 읽고 밑줄 친 곳에 들어갈 알맞은 어휘를 찾아 연결하세요.

기름진 ___에서 농사가 잘된다. •

• 광개토 대왕

랑랑쌤은 ___로 만든 길에서 맨발로
걸었다. •

• 황토

___은 여러 나라와의 전투에서 승리
하여 고구려를 성장시켰다. •

• 토지

독도는 대한민국의 ___이다. •

• 영토

6 제시된 어휘 중 알맞은 것을 활용하여 문장을 완성하세요.

토기
VS
토지

✎ 농사를 시작하면서 곡식을 보관하거나 음식을 조리하기 위해
___토기가___ 등장했다.

토종
VS
토대

✎ 삽살개는 우리나라의 ___토종___ 개이다.

52

53

12

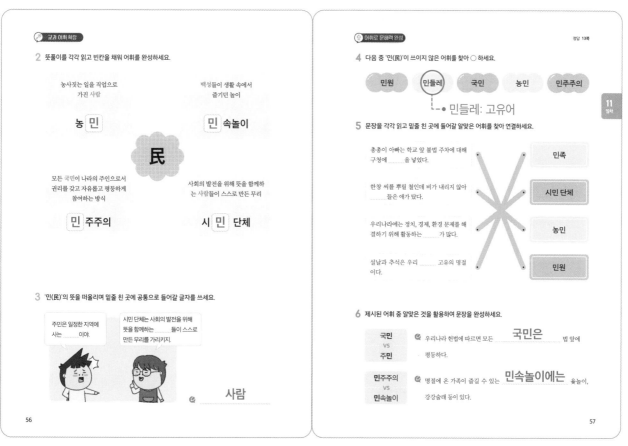

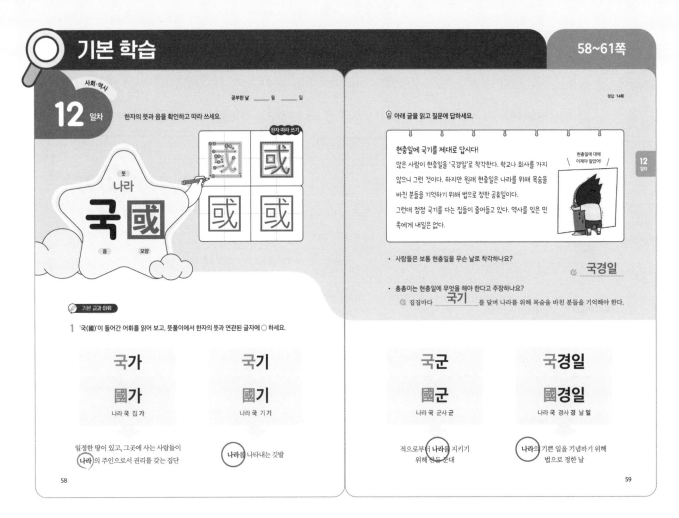

사회·역사

12 일차

공부한 날 ___월 ___일

한자의 뜻과 음을 확인하고 따라 쓰세요.

한자 따라 쓰기

뜻
나라

국 國

음   모양

기본 교과 어휘

1 '국(國)'이 들어간 어휘를 읽어 보고, 뜻풀이에서 한자의 뜻과 연관된 글자에 ○ 하세요.

국가
國가
나라 국 집 가

일정한 땅이 있고, 그곳에 사는 사람들이 (나라)의 주인으로서 권리를 갖는 집단

국기
國기
나라 국 기기

(나라)를 나타내는 깃발

정답 14쪽

📖 아래 글을 읽고 질문에 답하세요.

현충일에 국기를 제대로 답시다!

많은 사람이 현충일을 '국경일'로 착각한다. 학교나 회사를 가지 않으니 그런 것이다. 하지만 원래 현충일은 나라를 위해 목숨을 바친 분들을 기억하기 위해 법으로 정한 공휴일이다.
그런데 점점 국기를 다는 집들이 줄어들고 있다. 역사를 잊은 민족에게 내일은 없다.

현충일에 대해 이제야 알았어!

• 사람들은 보통 현충일을 무슨 날로 착각하나요?

✏️ **국경일**

• 총총이는 현충일에 무엇을 해야 한다고 주장하나요?

✏️ 집집마다 __국기__ 를 달며 나라를 위해 목숨을 바친 분들을 기억해야 한다.

국군
國군
나라 국 군사 군

적으로부터 (나라)를 지키기 위해 만든 군대

국경일
國경일
나라 국 경사 경 날 일

(나라)의 기쁜 일을 기념하기 위해 법으로 정한 날

58   59

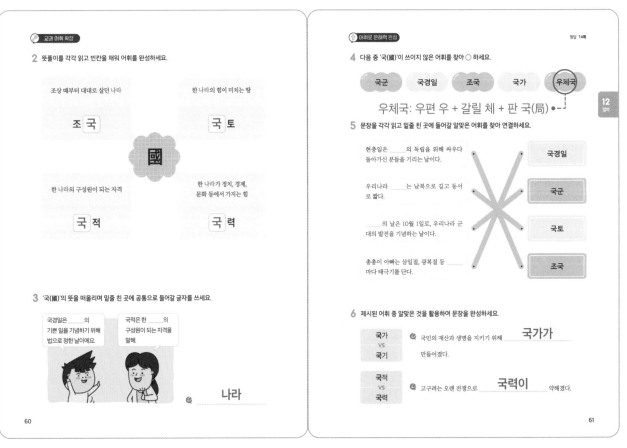

교과 어휘 확장

2 뜻풀이를 각각 읽고 빈칸을 채워 어휘를 완성하세요.

조상 때부터 대대로 살던 나라
조 국

한 나라의 힘이 미치는 땅
국 토

國

한 나라의 구성원이 되는 자격
국 적

한 나라가 정치, 경제, 문화 등에서 가지는 힘
국 력

3 '국(國)'의 뜻을 떠올리며 밑줄 친 곳에 공통으로 들어갈 글자를 쓰세요.

국경일은 ___의 기본 일을 기념하기 위해 법으로 정한 날이에요.

국적은 한 ___의 구성원이 되는 자격을 말해.

✏️ **나라**

어휘로 문해력 완성

정답 14쪽

4 다음 중 '국(國)'이 쓰이지 않은 어휘를 찾아 ○ 하세요.

국군   국경일   조국   국가   (우체국)

우체국: 우편 우 + 갈릴 체 + 판 국(局)

5 문장을 각각 읽고 밑줄 친 곳에 들어갈 알맞은 어휘를 찾아 연결하세요.

현충일은 ___의 독립을 위해 싸우다 돌아가신 분들을 기리는 날이다.

우리나라 ___는 남북으로 길고 동서로 짧다.

___의 날은 10월 1일로, 우리나라 군대의 발전을 기념하는 날이다.

총총이 아빠는 삼일절, 광복절 등 ___마다 태극기를 단다.

국경일
국군
국토
조국

6 제시된 어휘 중 알맞은 것을 활용하여 문장을 완성하세요.

국가
vs
국기

✏️ 국민의 재산과 생명을 지키기 위해 __국가가__ 만들어졌다.

국적
vs
국력

✏️ 고구려는 오랜 전쟁으로 __국력이__ 약해졌다.

60   61

14

사회·역사

13 일차

한자의 뜻과 음을 확인하고 따라 쓰세요.

한자 따라 쓰기

뜻 사람

인 人

음   모양

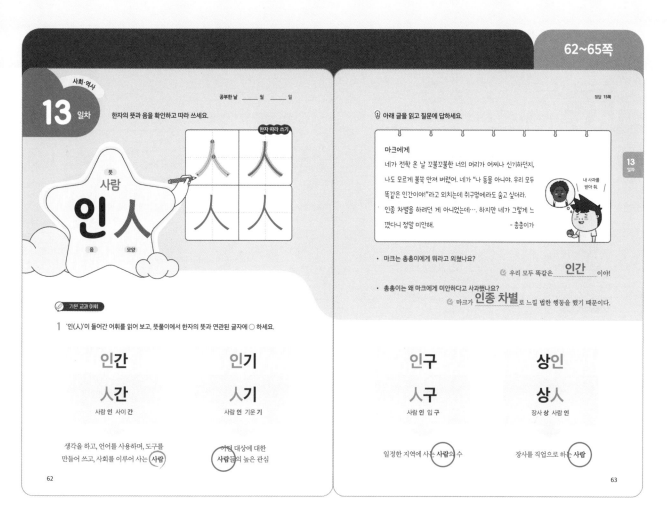

정답 15쪽

💡 아래 글을 읽고 질문에 답하세요.

마크에게

네가 전학 온 날 꼬불꼬불한 너의 머리가 어찌나 신기하던지, 나도 모르게 불쑥 만져 버렸어. 네가 "나 동물 아니야. 우리 모두 똑같은 인간이야!"라고 외치는데 쥐구멍에라도 숨고 싶더라. 인종 차별을 하려던 게 아니었는데…. 하지만 네가 그렇게 느꼈다니 정말 미안해.   - 총총이가

내 사과를 받아 줘

• 마크는 총총이에게 뭐라고 외쳤나요?
🖋 우리 모두 똑같은 **인간** 이야!

• 총총이는 왜 마크에게 미안하다고 사과했나요?
🖋 마크가 **인종 차별**로 느낄 법한 행동을 했기 때문이다.

📖 기본 교과 어휘

1 '인(人)'이 들어간 어휘를 읽어 보고, 뜻풀이에서 한자의 뜻과 연관된 글자에 ○ 하세요.

인간
人간
사람 인 사이 간
생각을 하고, 언어를 사용하며, 도구를 만들어 쓰고, 사회를 이루어 사는 (사람)

인기
人기
사람 인 기운 기
어떤 대상에 대한 (사람)들의 높은 관심

인구
人구
사람 인 입구
일정한 지역에 사는 (사람)의 수

상인
상人
장사 상 사람 인
장사를 직업으로 하는 (사람)

62

63

📖 교과 어휘 확장

2 뜻풀이를 각각 읽고 빈칸을 채워 어휘를 완성하세요.

사람이라면 누구나 당연히 가지는 권리
인 권

세계의 모든 사람 또는 사람을 동물과 구별하는 말
인 류

人

이름, 전화번호 등 그 사람을 알 수 있는 여러 가지 정보
개 인 정보

사람들을 여러 종류로 나누고, 특정한 무리에게 불이익을 주는 것
인 종 차별

3 '인(人)'의 뜻을 떠올리며 밑줄 친 곳에 공통으로 들어갈 글자를 쓰세요.

인간은 생각을 하고, 언어를 사용하며 도구를 만들어 쓰고, 사회를 이루어 사는 _____이야.

인권은 _____이라면 누구나 당연히 가지는 권리를 말하지.

🖋 _____ 사람

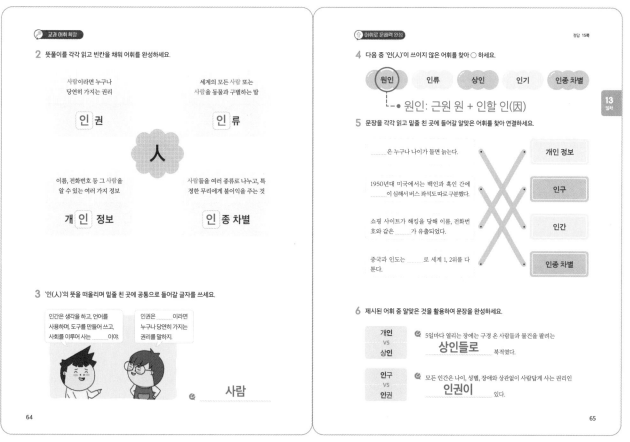

📝 어휘로 문해력 완성

정답 15쪽

4 다음 중 '인(人)'이 쓰이지 않은 어휘를 찾아 ○ 하세요.

(원인)   인류   상인   인기   인종 차별

⌐→ 원인: 근원 원 + 인할 인(因)

5 문장을 각각 읽고 밑줄 친 곳에 들어갈 알맞은 어휘를 찾아 연결하세요.

_____은 누구나 나이가 들면 늙는다.   •   • 개인 정보

1950년대 미국에서는 백인과 흑인 간에 _____이 심해서 버스 좌석도 따로 구분했다.   •   • 인구

쇼핑 사이트가 해킹을 당해 이름, 전화번호와 같은 _____가 유출되었다.   •   • 인간

중국과 인도는 _____로 세계 1, 2위를 다툰다.   •   • 인종 차별

6 제시된 어휘 중 알맞은 것을 활용하여 문장을 완성하세요.

개인 vs 상인
5일마다 열리는 장에는 구경 온 사람들과 물건을 팔려는 **상인들로** 북적였다.

인구 vs 인권
모든 인간은 나이, 성별, 장애와 상관없이 사람답게 사는 권리인 **인권이** 있다.

64

65

15

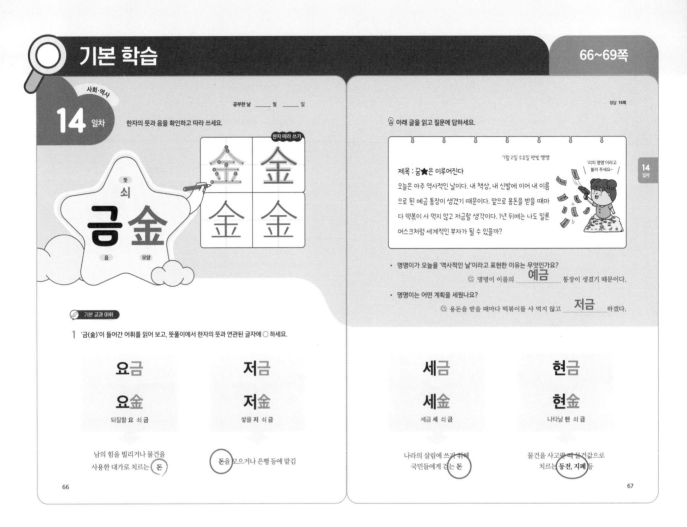

사회·역사

14 일차

한자의 뜻과 음을 확인하고 따라 쓰세요.

한자 따라 쓰기

뜻 쇠
음 금
모양

금 金

기본 교과 어휘

1 '금(金)'이 들어간 어휘를 읽어 보고, 뜻풀이에서 한자의 뜻과 연관된 글자에 ○ 하세요.

요금 요金 되질할 요 쇠 금
남의 힘을 빌리거나 물건을 사용한 대가로 치르는 **돈**

저금 저金 쌓을 저 쇠 금
돈을 모으거나 은행 등에 맡김

세금 세金 세금 세 쇠 금
나라의 살림에 쓰기 위해 국민들에게 걷는 **돈**

현금 현金 나타날 현 쇠 금
물건을 사고팔 때 물건값으로 치르는 **동전, 지폐** 등

66

아래 글을 읽고 질문에 답하세요.

정답 16쪽

7월 2일 수요일 햇빛 쨍쨍

제목 : 꿈★은 이루어진다

오늘은 아주 역사적인 날이다. 내 책상, 내 신발에 이어 내 이름으로 된 예금 통장이 생겼기 때문이다. 앞으로 용돈을 받을 때마다 떡볶이 사 먹지 않고 저금할 생각이다. 1년 뒤에는 나도 일론 머스크처럼 세계적인 부자가 될 수 있을까?

'리치 명명'이라고 불러 주세요~

• 명명이가 오늘을 '역사적인 날'이라고 표현한 이유는 무엇인가요?
→ 명명이 이름의 **예금** 통장이 생겼기 때문이다.

• 명명이는 어떤 계획을 세웠나요?
→ 용돈을 받을 때마다 떡볶이를 사 먹지 않고 **저금** 하겠다.

67

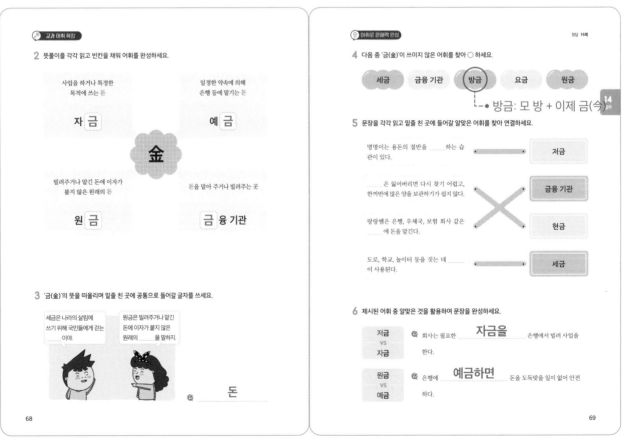

교과 어휘 확장

2 뜻풀이를 각각 읽고 빈칸을 채워 어휘를 완성하세요.

사업을 하거나 특정한 목적에 쓰는 돈 → 자 금

일정한 약속에 의해 은행 등에 맡기는 돈 → 예 금

金

빌려주거나 맡긴 돈에 이자가 붙지 않은 원래의 돈 → 원 금

돈을 맡아 주거나 빌려주는 곳 → 금 융 기관

3 '금(金)'의 뜻을 떠올리며 밑줄 친 곳에 공통으로 들어갈 글자를 쓰세요.

세금은 나라의 살림에 쓰기 위해 국민들에게 걷는 ___이야.

원금은 빌려주거나 맡긴 돈에 이자가 붙지 않은 원래의 ___을 말하지.

→ ___ **돈**

68

어휘로 문해력 완성

정답 16쪽

4 다음 중 '금(金)'이 쓰이지 않은 어휘를 찾아 ○ 하세요.

세금 금융 기관 **방금** 요금 원금

방금: 모 방 + 이제 금(今)

5 문장을 각각 읽고 밑줄 친 곳에 들어갈 알맞은 어휘를 찾아 연결하세요.

명명이는 용돈의 절반을 ___ 하는 습관이 있다. — 저금

___은 잃어버리면 다시 찾기 어렵고, 한꺼번에 많은 양을 보관하기가 쉽지 않다. — 금융 기관

랑랑쌤은 은행, 우체국, 보험 회사 같은 ___에 돈을 맡긴다. — 현금

도로, 학교, 놀이터 등을 짓는 데 ___이 사용된다. — 세금

6 제시된 어휘 중 알맞은 것을 활용하여 문장을 완성하세요.

저금 vs 자금 → 회사는 필요한 **자금을** 은행에서 빌려 사업을 한다.

원금 vs 예금 → 은행에 **예금하면** 돈을 도둑맞을 일이 없어 안전하다.

69

16

복습

앞에서 배운 내용을 마무리하며 확실하게 내 것으로 만들어요!

공부한 날 _____ 월 _____ 일

1 빈칸에 공통으로 들어가는 글자를 찾아 연결하세요.

| □력 |
| □조 |

| 중심□ |
| □방 |

| 황□ |
| □양 |

• 흙 토(土)

• 나라 국(國)

• 땅 지(地)

2 문장을 각각 읽고 내용에 알맞은 어휘를 골라 ○ 하세요.

- 미미는 세계 (습지 / 분지 / ⟨지도⟩ / 중심지)를 펼쳐 놓고 우리나라를 찾았다.
- (농촌 / 산촌 / 지구촌 / ⟨어촌⟩)에는 집집마다 생선을 잡는 그물이 걸려 있다.
- 개천절과 한글날은 우리나라의 (국기 / ⟨국경일⟩ / 국력 / 국적)이다.
- 명명이는 은행에 (⟨저금⟩ / 원금 / 요금 / 현금)해서 모은 돈으로 랑랑쌤의 생일 선물을 샀다.

70

---

3 채팅 속 빈칸에 들어갈 글자를 쓰고, 같은 한자가 들어간 어휘를 찾아 묶으세요.

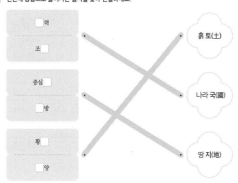

총총이네 패밀리 단톡방

우리 이번 주에 가족 □로 연극 보잖아요~
혹시 미미도 같이 가도 될까요?

사

총총이 엄마
인기가 많아서 표 구하기가
하늘의 별따기라던데… 가능할까?

총총이 아빠
그럴 줄 알고 이미 미미 표까지 다 준비해 놨지~
역시 난 센스쟁이야!

미	입	식	거	어	⟨경⟩
토	⟨행⟩	최	주	지	⟨사⟩
징	⟨사⟩	화	금	극	관
착	개	호	⟨사⟩	⟨건⟩	물
⟨사⟩	목	그	휴	평	나
작	태	서	견	간	바

71

---

4 가로세로 열쇠의 뜻풀이를 읽고 퍼즐을 완성하세요.

❶초	❶가(家)	집	❷산	❷촌(村)
	옥			락
		❸요	❹금(金)	
			융	
❸상			기	
❸인(人)	권		관	

가로 열쇠

- ❶ 짚이나 갈대 등을 엮어 지붕을 만든 집
- ❷ 산속에 있는 마을
- ❸ 사람이라면 누구나 당연히 가지는 권리
- ❹ 남의 힘을 빌리거나 물건을 사용한 대가로 치르는 돈

세로 열쇠

- ❶ 사람이 사는 집
- ❷ 들이나 산, 바다와 같은 자연을 이용해서 살아가는 시골의 작은 마을
- ❸ 장사를 직업으로 하는 사람
- ❹ 돈을 맡아 주거나 빌려주는 곳

72

---

5 보기 속 어휘를 활용하여 문장을 완성하세요.

보기
가계부 인구 농사 토지 지역

예시 복숭아를 좋아하는 명명이는 직접 **농사를** 지어 보고 싶었다.

- 총총이 엄마는 **가계부를** 보며 지난주에 쓴 돈을 계산해 보았다.
- 우리나라 **인구는** 오천만 명이 넘는다.
- 장마의 영향으로 랑랑쌤이 사는 **지역에** 많은 비가 내렸다.
- 일제강점기에 일본은 우리 농민들의 **토지를** 빼앗았다.

6 제시된 어휘를 활용하여 문장을 만드세요.

토대 → 법원에서는 법을 ^{예시} **토대로 판결을 내린다.**

국적 → 국제 대회에는 다양한 ^{예시} **국적의 선수들이 참가한다.**

73

17

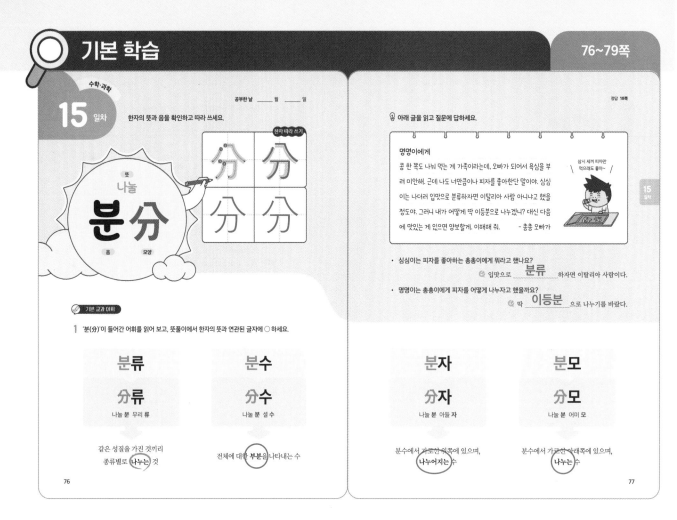

수학·과학

15 일차

공부한 날 _____월 _____일

한자의 뜻과 음을 확인하고 따라 쓰세요.

한자 따라 쓰기

뜻
나눌

분 分

음
모양

🔖 기본 교과 어휘

1 '분(分)'이 들어간 어휘를 읽어 보고, 뜻풀이에서 한자의 뜻과 연관된 글자에 ○ 하세요.

분류
分류
나눌 분 무리 류

같은 성질을 가진 것끼리
종류별로 (나누는) 것

분수
分수
나눌 분 셀 수

전체에 대한 (부분)을 나타내는 수

76

정답 18쪽

💡 아래 글을 읽고 질문에 답하세요.

명명이에게

콩 한 쪽도 나눠 먹는 게 가족이라는데, 오빠가 되어서 욕심을 부려 미안해. 근데 나도 너만큼이나 피자를 좋아한단 말이야. 심심이는 나더러 입맛으로 분류하자면 이탈리아 사람 아니냐고 했을 정도야. 그러니 내가 어떻게 딱 이등분으로 나누겠니? 대신 다음에 맛있는 거 있으면 양보할게. 이해해 줘.   – 총총 오빠가

잠시 세끼 피자만
먹으래도 좋아~

• 심심이는 피자를 좋아하는 총총이에게 뭐라고 했나요?

입맛으로 **분류** 하자면 이탈리아 사람이다.

• 명명이는 총총이에게 피자를 어떻게 나누자고 했을까요?

딱 **이등분** 으로 나누기를 바랐다.

분자
分자
나눌 분 아들 자

분수에서 가로선 위쪽에 있으며,
(나누어지는) 수

분모
分모
나눌 분 어미 모

분수에서 가로선 아래쪽에 있으며,
(나누는) 수

77

🔖 교과 어휘 확장

2 뜻풀이를 각각 읽고 빈칸을 채워 어휘를 완성하세요.

분자가 분모보다 작은 분수

진 **분** 수

분자가 분모와 같거나
분모보다 큰 분수

가 **분** 수

分

둘 이상의 분수의 분모를
같게 하는 것

통 **분**

주어진 양을 똑같이 나누는 것

등 **분**

3 '분(分)'의 뜻을 떠올리며 밑줄 친 곳에 공통으로 들어갈 글자를 쓰세요.

분모는 분수에서 가로선
아래쪽에 있으며,
_____ 수야.

등분은 주어진 양을
똑같이 _____ 것을
말하지.

✍ **나누는**

78

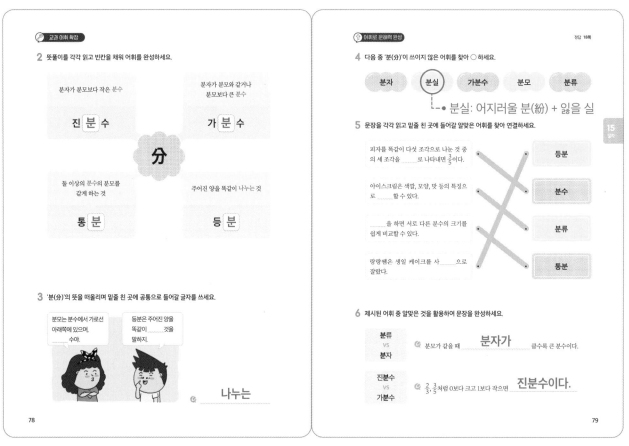

🔖 어휘로 문해력 완성

정답 18쪽

4 다음 중 '분(分)'이 쓰이지 않은 어휘를 찾아 ○ 하세요.

분자   **분실**   가분수   분모   분류

└→ 분실: 어지러울 분(紛) + 잃을 실

5 문장을 각각 읽고 밑줄 친 곳에 들어갈 알맞은 어휘를 찾아 연결하세요.

피자를 똑같이 다섯 조각으로 나눈 것 중
의 세 조각을 _____로 나타내면 ³⁄₅이다.   •

아이스크림은 색깔, 모양, 맛 등의 특징으
로 _____할 수 있다.   •

_____을 하면 서로 다른 분수의 크기를
쉽게 비교할 수 있다.   •

랑랑쌤은 생일 케이크를 사 _____으로
잘랐다.   •

• 등분

• 분수

• 분류

• 통분

6 제시된 어휘 중 알맞은 것을 활용하여 문장을 완성하세요.

분류
VS
분자

✍ 분모가 같을 때 **분자가** 클수록 큰 분수이다.

진분수
VS
가분수

✍ ²⁄₃, ³⁄₅처럼 0보다 크고 1보다 작으면 **진분수이다.**

79

18

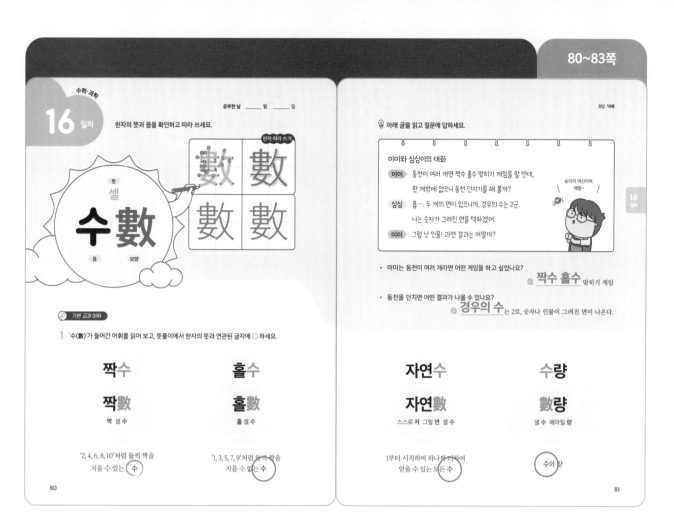

수학·과학

16 일차

한자의 뜻과 음을 확인하고 따라 쓰세요.

공부한 날 _____ 월 _____ 일

한자 따라 쓰기

뜻 **셀**

수數

음 수   모양

🍀 기본 교과 어휘

1 '수(數)'가 들어간 어휘를 읽어 보고, 뜻풀이에서 한자의 뜻과 연관된 글자에 ○ 하세요.

짝수
짝數
짝 셀 수
'2, 4, 6, 8, 10'처럼 둘씩 짝을
지을 수 있는 수

홀수
홀數
홀 셀 수
'1, 3, 5, 7, 9'처럼 둘씩 짝을
지을 수 없는 수

정답 19쪽

🔎 아래 글을 읽고 질문에 답하세요.

미미와 심심이의 대화

미미 동전이 여러 개면 짝수 홀수 맞히기 게임을 할 텐데,
한 개밖에 없으니 동전 던지기를 해 볼까?

심심 흠…. 두 개의 면이 있으니까, 경우의 수는 2군.
나는 숫자가 그려진 면을 택하겠어.

미미 그럼 난 인물! 과연 결과는 어떨까?

• 미미는 동전이 여러 개라면 어떤 게임을 하고 싶었나요?
  짝수 홀수 맞히기 게임

• 동전을 던지면 어떤 결과가 나올 수 있나요?
  경우의 수는 2로, 숫자나 인물이 그려진 면이 나온다.

자연수
자연數
스스로 자 그럴 연 셀 수
1부터 시작하여 하나씩 더하여
얻을 수 있는 모든 수

수량
數량
셀 수 헤아릴 량
수와 량

80

81

🍀 교과 어휘 확장

2 뜻풀이를 각각 읽고 빈칸을 채워 어휘를 완성하세요.

자연수, 0, 자연수에
– 기호를 붙인 수를 모두 뜻함

정 **수**

일의 자리보다
작은 자리의 값을 가진 수

소 **수**

數

어떤 수를 1배, 2배, 3배…
한 수

배 **수**

어떤 일이 일어날 수 있는
가짓수

경우의 **수**

3 '수(數)'의 뜻을 떠올리며 밑줄 친 곳에 공통으로 들어갈 글자를 쓰세요.

홀수는 '1, 3, 5, 7, 9'처럼
둘씩 짝을 지을 수
없는 ___야.

정수는 자연수, 0,
자연수에 – 기호를 붙인
___를 모두 가리키지

_____ **수**

🍀 어휘로 문해력 완성

정답 19쪽

4 다음 중 '수(數)'가 쓰이지 않은 어휘를 찾아 ○ 하세요.

짝수   자연수   배수   소수   (손수건)

손수건: 손 + 손 수(手) + 수건 건

5 문장을 각각 읽고 밑줄 친 곳에 들어갈 알맞은 어휘를 찾아 연결하세요.

3을 몇 배 한 수인 3, 6, 9…를 3의
___라고 한다.   • 수량

주사위를 던져서 짝수가 나올 ___는
2, 4, 6이므로 3이다.   • 경우의 수

막대그래프는 ___을 비교하기에 편리
하다.   • 배수

수를 세거나 순서를 매길 때는 ___를
사용한다.   • 자연수

6 제시된 어휘 중 알맞은 것을 활용하여 문장을 완성하세요.

짝수
vs
홀수
  12, 14, 16, 18은 10보다 크고 20보다 작은 **짝수이다.**

정수
vs
소수
  소수는 0.1처럼 1보다 작을 수도 있고, 3.3처럼
1보다 클 수도 있다.

82

83

19

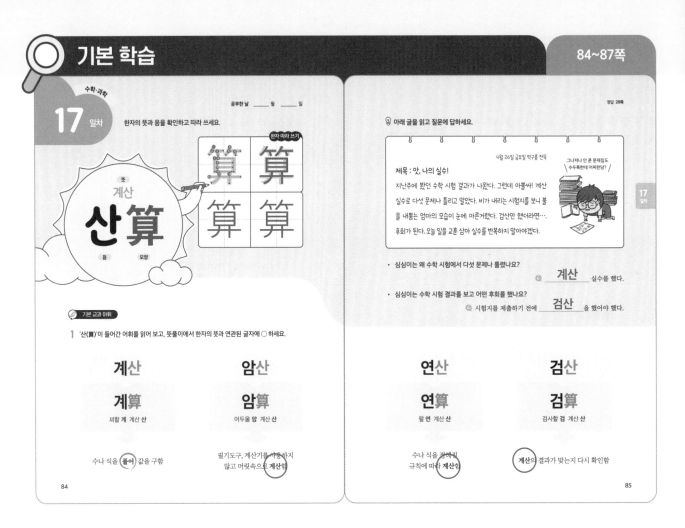

수학·과학

17 일차

공부한날 ____월 ____일

한자의 뜻과 음을 확인하고 따라 쓰세요.

한자 따라 쓰기

뜻
계산

산 算

음   모양

算 算
算 算

기본 교과 어휘

1 '산(算)'이 들어간 어휘를 읽어 보고, 뜻풀이에서 한자의 뜻과 연관된 글자에 ○ 하세요.

계산
計算
꾀할 계 계산 산
수나 식의 [풀어] 값을 구함

암산
暗算
어두울 암 계산 산
필기도구, 계산기를 사용하지 않고 머릿속으로 **계산함**

정답 20쪽

아래 글을 읽고 질문에 답하세요.

4월 26일 금요일 먹구름 잔뜩

그나저나 안 푼 문제집도 수두룩한데 어찌한담?

제목 : 앗, 나의 실수!
지난주에 봤던 수학 시험 결과가 나왔다. 그런데 아뿔싸! 계산 실수로 다섯 문제나 틀리고 말았다. 비가 내리는 시험지를 보니 불을 내뿜는 엄마의 모습이 눈에 아른거렸다. 검산만 했더라면…. 후회가 된다. 오늘 일을 교훈 삼아 실수를 반복하지 말아야겠다.

• 심심이는 왜 수학 시험에서 다섯 문제나 틀렸나요?
  ☞ ____**계산**____ 실수를 했다.

• 심심이는 수학 시험 결과를 보고 어떤 후회를 했나요?
  ☞ 시험지를 제출하기 전에 ____**검산**____ 을 했어야 했다.

연산
演算
펼 연 계산 산
수나 식을 정해진 규칙에 따라 **계산함**

검산
檢算
검사할 검 계산 산
계산의 결과가 맞는지 다시 확인함

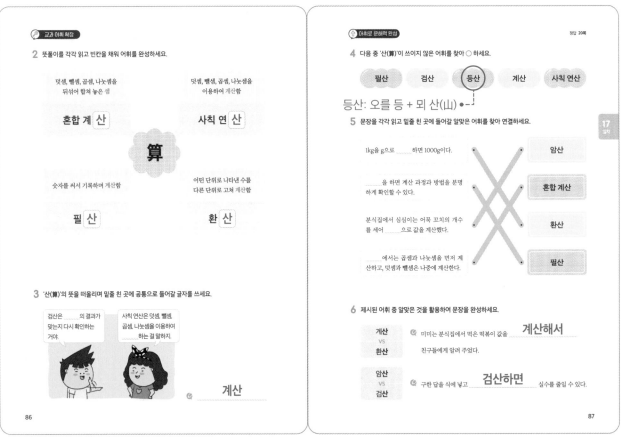

교과 어휘 확장

2 뜻풀이를 각각 읽고 빈칸을 채워 어휘를 완성하세요.

덧셈, 뺄셈, 곱셈, 나눗셈을 뒤섞어 합쳐 놓은 셈
혼합 계 [산]

덧셈, 뺄셈, 곱셈, 나눗셈을 이용하여 계산함
사칙 연 [산]

算

숫자를 써서 기록하며 계산함
필 [산]

어떤 단위로 나타낸 수를 다른 단위로 고쳐 계산함
환 [산]

3 '산(算)'의 뜻을 떠올리며 밑줄 친 곳에 공통으로 들어갈 글자를 쓰세요.

검산은 ____의 결과가 맞는지 다시 확인하는 거야.

사칙 연산은 덧셈, 뺄셈, 곱셈, 나눗셈을 이용하여 ____하는 걸 말하지.

☞ ____**계산**____

어휘로 문해력 완성

정답 20쪽

4 다음 중 '산(算)'이 쓰이지 않은 어휘를 찾아 ○ 하세요.

필산   검산   (등산)   계산   사칙 연산

등산: 오를 등 + 뫼 산(山)

5 문장을 각각 읽고 밑줄 친 곳에 들어갈 알맞은 어휘를 찾아 연결하세요.

1kg을 g으로 ____ 하면 1000g이다. • — • 암산

____을 하면 계산 과정과 방법을 분명하게 확인할 수 있다. • — • 혼합 계산

분식집에서 심심이는 어묵 꼬치의 개수를 세어 ____으로 값을 계산했다. • — • 환산

____에서는 곱셈과 나눗셈을 먼저 계산하고, 덧셈과 뺄셈은 나중에 계산한다. • — • 필산

6 제시된 어휘 중 알맞은 것을 활용하여 문장을 완성하세요.

계산
VS
환산
☞ 미미는 분식집에서 먹은 떡볶이 값을 ____**계산해서**____ 친구들에게 알려 주었다.

암산
VS
검산
☞ 구한 답을 식에 넣고 ____**검산하면**____ 실수를 줄일 수 있다.

20

수학·과학

18 일차

공부한 날 _____월 _____일

한자의 뜻과 음을 확인하고 따라 쓰세요.

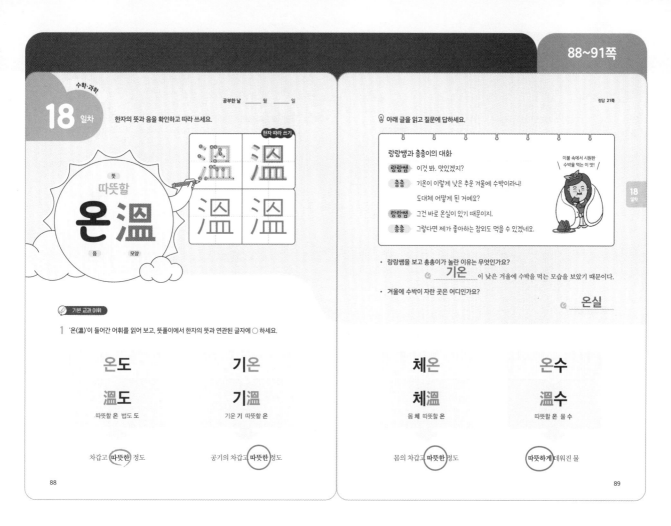

뜻
따뜻할
온溫
음   모양

한자 따라 쓰기

기본 교과 어휘

1 '온(溫)'이 들어간 어휘를 읽어 보고, 뜻풀이에서 한자의 뜻과 연관된 글자에 ○ 하세요.

온도
溫도
따뜻할 온 법도 도
차갑고 (따뜻한) 정도

기온
기溫
기운 기 따뜻할 온
공기의 차갑고 (따뜻한) 정도

체온
체溫
몸 체 따뜻할 온
몸의 차갑고 (따뜻한) 정도

온수
溫수
따뜻할 온 물 수
(따뜻하게) 데워진 물

88

정답 21쪽

👁 아래 글을 읽고 질문에 답하세요.

랑랑쌤과 총총이의 대화

랑랑쌤 이것 봐. 맛있겠지?

총총 기온이 이렇게 낮은 추운 겨울에 수박이라니!
도대체 어떻게 된 거예요?

랑랑쌤 그건 바로 온실이 있기 때문이지.

총총 그렇다면 제가 좋아하는 참외도 먹을 수 있겠네요.

이불 속에서 시원한
수박을 먹는 이 맛!

• 랑랑쌤을 보고 총총이가 놀란 이유는 무엇인가요?
✍ _____기온_____ 이 낮은 겨울에 수박을 먹는 모습을 보았기 때문이다.

• 겨울에 수박이 자란 곳은 어디인가요?
✍ _____온실_____

89

교과 어휘 확장

2 뜻풀이를 각각 읽고 빈칸을 채워 어휘를 완성하세요.

땅속 높은 열에 의해
따뜻하게 솟아나는 샘

온 천

식물을 기르기에 알맞은 온도와
습도 등을 조절할 수 있는 곳

온 실

溫

방바닥의 돌을 달궈 방 안을
따뜻하게 데우는 장치

온 돌

지구의 온도가
점점 높아지는 현상

지구 온 난화

3 '온(溫)'의 뜻을 떠올리며 밑줄 친 곳에 공통으로 들어갈 글자를 쓰세요.

기온은 공기의 차갑고
_____ 한 정도야.

온돌은 방바닥의 돌을 달궈
방 안을 _____ 하게 데우는
장치를 말해.

✍ _____따뜻_____

90

정답 21쪽

어휘로 문해력 완성

4 다음 중 '온(溫)'이 쓰이지 않은 어휘를 찾아 ○ 하세요.

온실   지구 온난화   (온라인)   온수   온천

⌐-• 온라인: on-line

5 문장을 각각 읽고 밑줄 친 곳에 들어갈 알맞은 어휘를 찾아 연결하세요.

_____로 인해 북극의 빙하가 빠르게 녹고 있다.

겨울 방학 동안 시골 할아버지 댁에 간 미미는 _____의 매력에 빠져 버렸다.

심심이는 보일러 고장으로 _____가 나오지 않아 찬물로 씻었다.

아침에는 _____이 낮았다가 낮이 되면 높아지고 저녁이 되면 다시 떨어진다.

온돌

지구 온난화

기온

온수

6 제시된 어휘 중 알맞은 것을 활용하여 문장을 완성하세요.

기온
vs
체온

✍ 감기에 걸린 명명이는 열이 올라 _____체온을_____ 재 보았다.

온도
vs
온돌

✍ 물은 _____온도가_____ 100℃가 되면 끓는다.

91

21

수학·과학

19 일차

공부한 날 ____ 월 ____ 일

한자의 뜻과 음을 확인하고 따라 쓰세요.

한자 따라 쓰기

뜻
몸
체 體

음   모양

體 體
體 體

📝 기본 교과 어휘

1 '체(體)'가 들어간 어휘를 읽어 보고, 뜻풀이에서 한자의 뜻과 연관된 글자에 ○하세요.

고체
고體
굳을 고 몸 체

담는 그릇이 바뀌어도 모양과
크기가 변하지 않는 **물질**의 상태

액체
액體
진 액 몸 체

담는 그릇에 따라 모양이 변하지만,
양은 변하지 않는 **물질**의 상태

정답 22쪽

💡 아래 글을 읽고 질문에 답하세요.

방귀 대장 명명이

총총

뿡~ 부웅~ 부우웅~

꿍향기도 아닌 것이 내 코를 괴롭히네.

어제의 재채기 액체 공격은 막았는데

오늘의 기체 공격은 당할 수가 없네.

내 이놈, 그만
뀌지 못할까!!

• 어제 총총이는 무엇 때문에 괴로웠나요?

💬 명명이가 재채기를 하며 콧물로 __액체__를 뿜었기 때문이다.

• 총총이가 명명이에게 '방귀 대장'이라는 별명을 붙인 이유는 무엇인가요?

💬 방귀를 내뿜으며 __기체__ 공격을 하기 때문이다.

기체
기體
기운 기 몸 체

담는 그릇에 따라 모양이 변하고,
그릇을 가득 채우는 **물질**의 상태

반도체
반도體
반 반 이끌 도 몸 체

온도에 따라 전기가 잘 통하거나
안 통하는 **물질**

📏 교과 어휘 확장

2 뜻풀이를 각각 읽고 빈칸을 채워 어휘를 완성하세요.

'철, 구리'처럼
전기가 통하는 물질

도 체

'유리, 나무'처럼
전기가 통하지 않는 물질

부도 체

體

'별, 달'처럼 우주에 존재하는
모든 물체

천 체

식물의 잎 속에서 빛을 이용하여
영양분을 만드는 초록색 물체

엽록 체

3 '체(體)'의 뜻을 떠올리며 밑줄 친 곳에 공통으로 들어갈 글자를 쓰세요.

고체는 담는 그릇이 바뀌어도
모양과 크기가 변하지 않는
___의 상태야.

부도체는 전기가 통하지
않는 ___을 말하지.

💬 **물질**

📖 어휘로 문해력 완성

정답 22쪽

4 다음 중 '체(體)'가 쓰이지 않은 어휘를 찾아 ○하세요.

기체   엽록체   천체   (체포)   도체

체포: 미칠 체(逮) + 사로잡을 포

5 문장을 각각 읽고 밑줄 친 곳에 들어갈 알맞은 어휘를 찾아 연결하세요.

투명해서 눈에 보이지 않는 공기는 여러
가지 _____로 이루어져 있다.

천문대에 간 심심이는 _____ 망원경으
로 별을 관찰했다.

_____는 일정한 모양이 있어서 눈으로
볼 수 있고 손으로 만질 수 있다.

_____ 때문에 식물의 잎이 초록색으로
보인다.

고체

천체

기체

엽록체

6 제시된 어휘 중 알맞은 것을 활용하여 문장을 완성하세요.

액체
vs
기체

💬 얼음이 녹으면 __액체__ 상태의 물이 된다.

반도체
vs
엽록체

💬 컴퓨터, 비행기 등 전자 제품을 만들 때는 __반도체가__
사용된다.

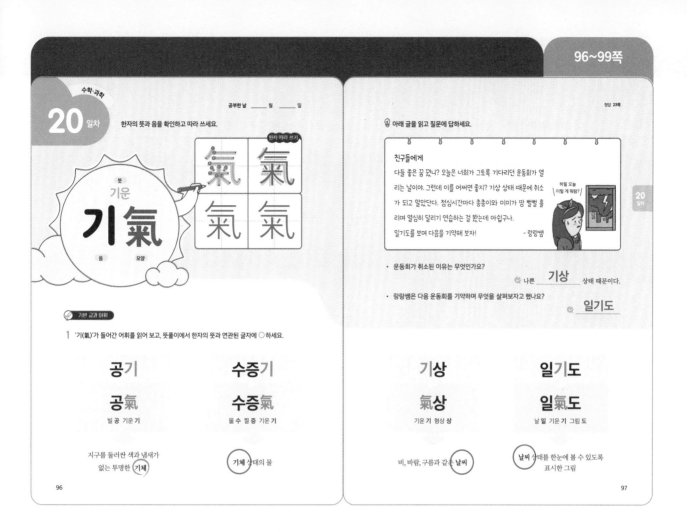

공부한 날 _____ 월 _____ 일

한자의 뜻과 음을 확인하고 따라 쓰세요.

한자 따라 쓰기

뜻 기운
기 氣
음 모양

氣 氣 氣 氣

기본 교과 어휘

1 '기(氣)'가 들어간 어휘를 읽어 보고, 뜻풀이에서 한자의 뜻과 연관된 글자에 ○하세요.

공기
공氣
빌 공 기운 기
지구를 둘러싼 색과 냄새가 없는 투명한 (기체)

수증기
수증氣
물 수 찔 증 기운 기
(기체) 상태의 물

기상
氣상
기운 기 형상 상
비, 바람, 구름과 같은 (날씨)

일기도
일氣도
날 일 기운 기 그림 도
(날씨) 상태를 한눈에 볼 수 있도록 표시한 그림

96

아래 글을 읽고 질문에 답하세요.

> **친구들에게**
> 다들 좋은 꿈 꿨니? 오늘은 너희가 그토록 기다리던 운동회가 열리는 날이야. 그런데 이를 어쩌면 좋지? 기상 상태 때문에 취소가 되고 말았단다. 점심시간마다 총총이와 미미가 땀 뻘뻘 흘리며 열심히 달리기 연습하는 걸 봤는데 아쉽구나.
> 일기도를 보며 다음을 기약해 보자!
> - 랑랑쌤

하필 오늘 이럴 게 뭐람?

• 운동회가 취소된 이유는 무엇인가요?
나쁜 **기상** 상태 때문이다.

• 랑랑쌤은 다음 운동회를 기약하며 무엇을 살펴보자고 했나요?
일기도

97

교과 어휘 확장

2 뜻풀이를 각각 읽고 빈칸을 채워 어휘를 완성하세요.

공기가 누르는 힘
기 압

액체 속에 들어 있는 기체
기 포

氣

일정한 성질을 가진 거대한 공기 덩어리
기 단

식물의 잎이나 줄기에 있는 공기 구멍
기 공

3 '기(氣)'의 뜻을 떠올리며 밑줄 친 곳에 공통으로 들어갈 글자를 쓰세요.

공기는 지구를 둘러싼 색과 냄새가 없는 투명한 _____예요.

기포는 액체 속에 들어가 있는 _____를 가리키지.

기체

98

어휘로 문해력 완성

4 다음 중 '기(氣)'가 쓰이지 않은 어휘를 찾아 ○하세요.

기상 　수증기 　(기린) 　일기도 　기공

기린: 기린 기(麒) + 기린 린

5 문장을 각각 읽고 밑줄 친 곳에 들어갈 알맞은 어휘를 찾아 연결하세요.

아침 일찍 일어난 명명이는 찬 _____에 몸을 부르르 떨었다. • 　• 기압

기상청에서는 기온, 바람, 구름의 양 등을 관찰해서 _____를 만든다. • 　• 기단

겨울에 찾아오는 시베리아 _____은 차 갑고 건조하다. • 　• 공기

높은 곳으로 갈수록 _____이 낮아져 귀가 먹먹해진다. • 　• 일기도

6 제시된 어휘 중 알맞은 것을 활용하여 문장을 완성하세요.

기상
vs
기압
오전에 출발하는 비행기는 나쁜 **기상** _____ 때문에 모두 결항되었다.

기포
vs
기단
사이다를 컵에 따르면 **기포가** _____ 보글보글 올라온다.

99

23

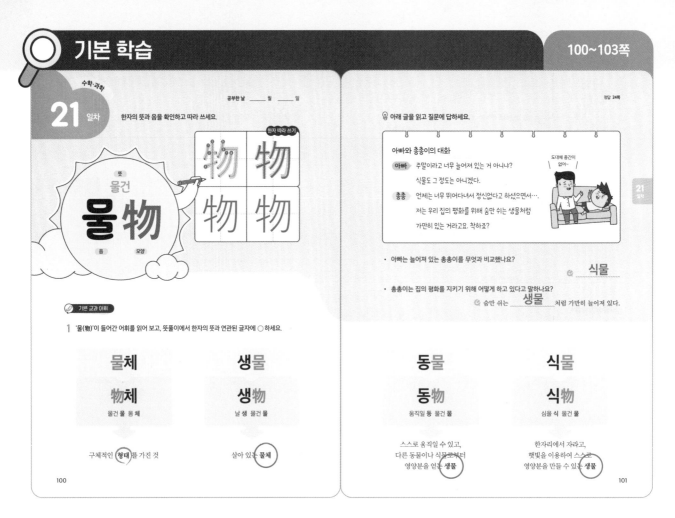

수학·과학

21 일차

공부한 날 ____월 ____일

한자의 뜻과 음을 확인하고 따라 쓰세요.

한자 따라 쓰기

뜻 물건

물 物

음 모양

物 物
物 物

기본 교과 어휘

1 '물(物)'이 들어간 어휘를 읽어 보고, 뜻풀이에서 한자의 뜻과 연관된 글자에 ○하세요.

물체
物체
물건 물 몸 체
구체적인 (형태)를 가진 것

생물
생物
날 생 물건 물
살아 있는 물체

동물
동物
움직일 동 물건 물
스스로 움직일 수 있고,
다른 동물이나 식물로부터
영양분을 얻는 생물

식물
식物
심을 식 물건 물
한자리에서 자라고,
햇빛을 이용하여 스스로
영양분을 만들 수 있는 생물

100

아래 글을 읽고 질문에 답하세요.

정답 24쪽

아빠와 총총이의 대화

아빠 주말이라고 너무 늘어져 있는 거 아니냐?
식물도 그 정도는 아니겠다.

총총 언제는 너무 뛰어다녀서 정신없다고 하셨으면서….
저는 우리 집의 평화를 위해 숨만 쉬는 생물처럼
가만히 있는 거라고요. 착하죠?

도대체 중간이
없어~

• 아빠는 늘어져 있는 총총이를 무엇과 비교했나요?
  식물

• 총총이는 집의 평화를 지키기 위해 어떻게 하고 있다고 말하나요?
  숨만 쉬는 **생물** 처럼 가만히 늘어져 있다.

101

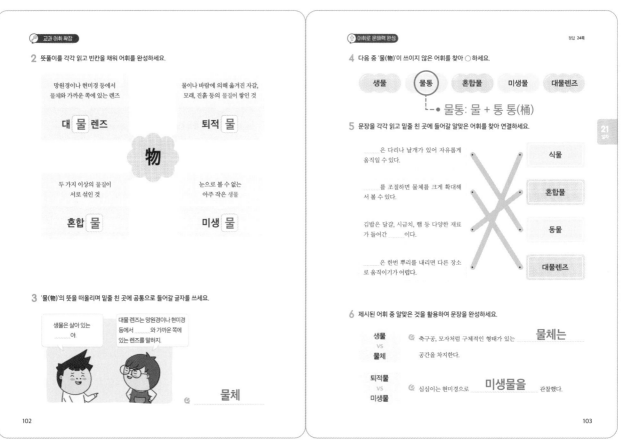

교과 어휘 확장

2 뜻풀이를 각각 읽고 빈칸을 채워 어휘를 완성하세요.

망원경이나 현미경 등에서
물체와 가까운 쪽에 있는 렌즈
대 **물** 렌즈

物

물이나 바람에 의해 옮겨진 자갈,
모래, 진흙 등의 물질이 쌓인 것
퇴적 **물**

두 가지 이상의 물질이
서로 섞인 것
혼합 **물**

눈으로 볼 수 없는
아주 작은 생물
미생 **물**

3 '물(物)'의 뜻을 떠올리며 밑줄 친 곳에 공통으로 들어갈 글자를 쓰세요.

생물은 살아 있는
____ 야.

대물 렌즈는 망원경이나 현미경
등에서 ____와 가까운 쪽에
있는 렌즈를 말하지.

물체

102

어휘로 문해력 완성

정답 24쪽

4 다음 중 '물(物)'이 쓰이지 않은 어휘를 찾아 ○하세요.

생물   **물통**   혼합물   미생물   대물렌즈

물통: 물 + 통 통(桶)

5 문장을 각각 읽고 밑줄 친 곳에 들어갈 알맞은 어휘를 찾아 연결하세요.

____은 다리나 날개가 있어 자유롭게
움직일 수 있다.

____를 조절하면 물체를 크게 확대해
서 볼 수 있다.

김밥은 달걀, 시금치, 햄 등 다양한 재료
가 들어간 ____이다.

____은 한번 뿌리를 내리면 다른 장소
로 움직이기가 어렵다.

식물
혼합물
동물
대물렌즈

6 제시된 어휘 중 알맞은 것을 활용하여 문장을 완성하세요.

생물
vs
물체
축구공, 모자처럼 구체적인 형태가 있는 **물체는**
공간을 차지한다.

퇴적물
vs
미생물
심심이는 현미경으로 **미생물을** 관찰했다.

103

24

수학·과학

22 일차

공부한 날 ___월 ___일

한자의 뜻과 음을 확인하고 따라 쓰세요.

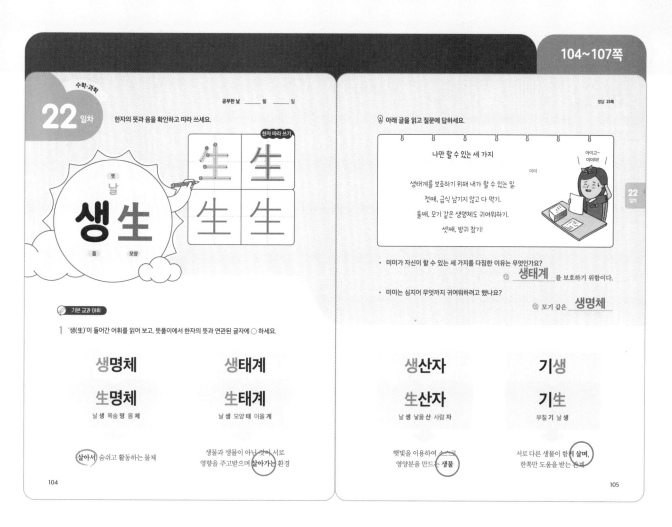

뜻 날
생 生
음 모양

한자 따라 쓰기

生 生
生 生

🔵 기본 교과 어휘

1 '생(生)'이 들어간 어휘를 읽어 보고, 뜻풀이에서 한자의 뜻과 연관된 글자에 ○ 하세요.

생명체
生명체
날 생 목숨 명 몸 체
(살아서) 숨쉬고 활동하는 물체

생태계
生태계
날 생 모양 태 이을 계
생물과 생물이 아닌 것이 서로
영향을 주고받으며 살아가는 환경

생산자
生산자
날 생 낳을 산 사람 자
햇빛을 이용하여 스스로
영양분을 만드는 생물

기생
기生
부칠 기 날 생
서로 다른 생물이 함께 살며,
한쪽만 도움을 받는 관계

104

아래 글을 읽고 질문에 답하세요.

정답 25쪽

나만 할 수 있는 세 가지

생태계를 보호하기 위해 내가 할 수 있는 일.

첫째, 급식 남기지 않고 다 먹기.

둘째, 모기 같은 생명체도 귀여워하기.

셋째, 방귀 참기!

아이고~
미미야!

미미

• 미미가 자신이 할 수 있는 세 가지를 다짐한 이유는 무엇인가요?

✏️ __생태계__ 를 보호하기 위함이다.

• 미미는 심지어 무엇까지 귀여워하려고 했나요?

✏️ 모기 같은 __생명체__

105

🟢 교과 어휘 확장

2 뜻풀이를 각각 읽고 빈칸을 채워 어휘를 완성하세요.

생물이 자식을 낳아
남기는 활동

생 **식**

서로 다른 생물이 함께 살며,
도움을 주고받는 관계

공 **생**

生

한 미생물이 다른 미생물의 성장을
막는 성질을 이용하여 만든 약

항 **생** 제

식물의 줄기와 뿌리 끝에서
성장하게 하는 부분

생 장점

3 '생(生)'의 뜻을 떠올리며 밑줄 친 곳에 공통으로 들어갈 글자를 쓰세요.

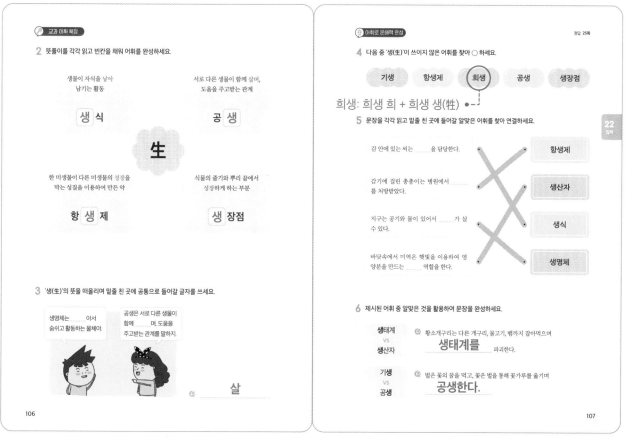

생명체는 ___아서
숨쉬고 활동하는 물체야.

공생은 서로 다른 생물이
함께 ___며, 도움을
주고받는 관계를 말하지.

___ 살

106

🟡 어휘로 문해력 완성

정답 25쪽

4 다음 중 '생(生)'이 쓰이지 않은 어휘를 찾아 ○ 하세요.

기생   항생제   (희생)   공생   생장점

희생: 희생 희 + 희생 생(牲) •---┐

5 문장을 각각 읽고 밑줄 친 곳에 들어갈 알맞은 어휘를 찾아 연결하세요.

씨는 안에 있는 씨는 ___을 담당한다. •———• 항생제

감기에 걸린 총총이는 병원에서
___를 처방받았다. •———• 생산자

지구는 공기와 물이 있어서 ___가 살
수 있다. •———• 생식

바닷속에서 미역은 햇빛을 이용하여 영
양분을 만드는 ___ 역할을 한다. •———• 생명체

6 제시된 어휘 중 알맞은 것을 활용하여 문장을 완성하세요.

생태계
vs
생산자

✏️ 황소개구리는 다른 개구리, 물고기, 뱀까지 잡아먹으며
__생태계를__ 파괴한다.

기생
vs
공생

✏️ 벌은 꽃의 꿀을 먹고, 꽃은 벌을 통해 꽃가루를 옮기며
__공생한다.__

107

25

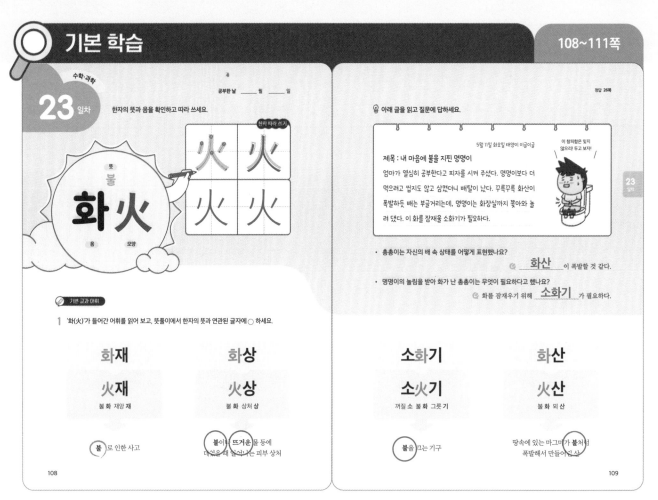

한자의 뜻과 음을 확인하고 따라 쓰세요.

한자 따라 쓰기

火 火
火 火

뜻
불

화 火

음   모양

🖊 기본 교과 어휘

1 '화(火)'가 들어간 어휘를 읽어 보고, 뜻풀이에서 한자의 뜻과 연관된 글자에 ○ 하세요.

화재
火재
불 화 재앙 재

○ (**불**)로 인한 사고

화상
火상
불 화 상처 상

불이나 **뜨거운** 물 등에 데었을 때 일어나는 피부 상처

정답 26쪽

🗨 아래 글을 읽고 질문에 답하세요.

5월 11일 화요일 태양이 이글이글

제목 : 내 마음에 불을 지핀 명명이

엄마가 열심히 공부한다고 피자를 시켜 주셨다. 명명이보다 더 먹으려고 씹지도 않고 삼켰더니 배탈이 났다. 꾸룩꾸룩 화산이 폭발하듯 배는 부글거리는데, 명명이는 화장실까지 쫓아와 놀려 댔다. 이 화를 잠재울 소화기가 필요하다.

이 창피함은 잊지 않으리 두고 보자!

• 총총이는 자신의 배 속 상태를 어떻게 표현했나요?
🖊 **화산** 이 폭발할 것 같다.

• 명명이의 놀림을 받아 화가 난 총총이는 무엇이 필요하다고 했나요?
🖊 화를 잠재우기 위해 **소화기** 가 필요하다.

소화기
소火기
꺼질 소 불 화 그릇 기

○ (**불**)을 끄는 기구

화산
火산
불 화 뫼 산

땅속에 있는 마그마가 불처럼 폭발해서 만들어진 산

108   109

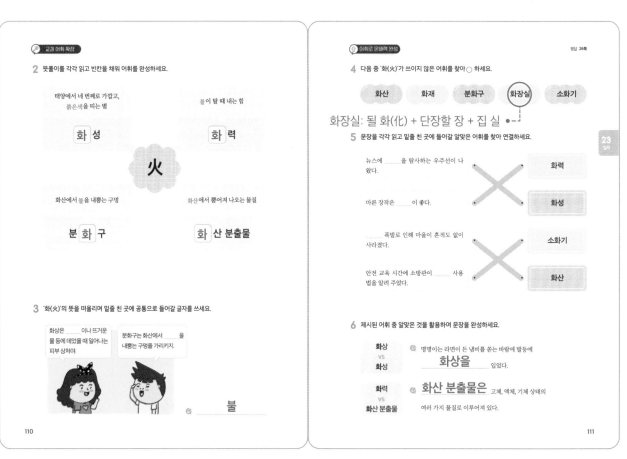

🖊 교과 어휘 확장

2 뜻풀이를 각각 읽고 빈칸을 채워 어휘를 완성하세요.

태양에서 네 번째로 가깝고,
붉은색을 띠는 별

화 성

불이 탈 때 내는 힘

화 력

火

화산에서 불을 내뿜는 구멍

분 화 구

화산에서 뿜어져 나오는 물질

화 산 분출물

3 '화(火)'의 뜻을 떠올리며 밑줄 친 곳에 공통으로 들어갈 글자를 쓰세요.

화상은 ___이나 뜨거운
물 등에 데었을 때 일어나는
피부 상처야.

분화구는 화산에서 ___을
내뿜는 구멍을 가리키지.

🖊 **불**

🖊 어휘로 문해력 완성

정답 26쪽

4 다음 중 '화(火)'가 쓰이지 않은 어휘를 찾아 ○ 하세요.

화산   화재   분화구   (**화장실**)   소화기

화장실: 될 화(化) + 단장할 장 + 집 실

5 문장을 각각 읽고 밑줄 친 곳에 들어갈 알맞은 어휘를 찾아 연결하세요.

뉴스에 _____을 탐사하는 우주선이 나왔다.   •   • **화력**

마른 장작은 _____이 좋다.   •   • **화성**

_____ 폭발로 인해 마을이 흔적도 없이 사라졌다.   •   • **소화기**

안전 교육 시간에 소방관이 _____ 사용 법을 알려 주었다.   •   • **화산**

6 제시된 어휘 중 알맞은 것을 활용하여 문장을 완성하세요.

화상
vs
화성

🖊 명명이는 라면이 든 냄비를 쏟는 바람에 발등에
화상을 입었다.

화력
vs
화산 분출물

🖊 **화산 분출물은** 고체, 액체, 기체 상태의
여러 가지 물질로 이루어져 있다.

110   111

어휘랑 총정리

앞에서 배운 내용을 머릿리며 확실하게 내 것으로 만들어요!

공부한 날 _____ 월 _____ 일

1 빈칸에 공통으로 들어가는 글자를 찾아 연결하세요.

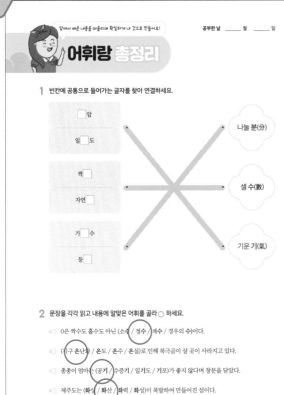

□압 / 일□도 → 나눌 분(分)
짝□ / 자연□ → 셀 수(數)
가□수 / □등 → 기운 기(氣)

2 문장을 각각 읽고 내용에 알맞은 어휘를 골라 ○ 하세요.

- 0은 짝수도 홀수도 아닌 (소수 / 정수 / 배수 / 경우의 수)이다.
- (지구 온난화 / 온도 / 온수 / 온실)로 인해 북극곰이 살 곳이 사라지고 있다.
- 총총이 엄마는 (공기 / 수증기 / 일기도 / 기포)가 좋지 않다며 창문을 닫았다.
- 제주도는 (화성 / 화산 / 화력 / 화성)이 폭발하여 만들어진 섬이다.

3 채팅 속 빈칸에 들어갈 글자를 쓰고, 같은 한자가 들어간 어휘를 찾아 묶으세요.

정답 27쪽

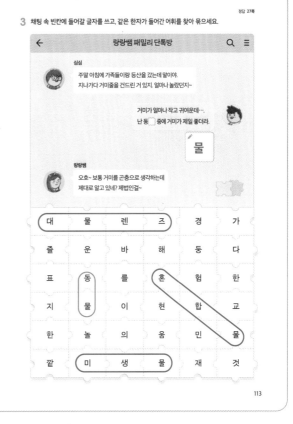

물

대 물 렌 즈 경 가
즐 운 바 해 동 다
표 동 를 혼 험 한
지 물 이 현 합 교
한 놀 의 움 민 물
깥 미 생 물 재 것

4 가로세로 열쇠의 뜻풀이를 읽고 퍼즐을 완성하세요.

사 / 온(溫) / 도
칙 / 수
연 / 소
계 / 산(算) / 화(火) / 력
공 / 기
생(生) / 식

가로 열쇠
① 수나 식을 풀어 값을 구함
② 차갑고 따뜻한 정도
③ 생물이 자식을 낳아 남기는 활동
④ 불이 탈 때 내는 힘

세로 열쇠
① 덧셈, 뺄셈, 곱셈, 나눗셈을 이용하여 계산함
② 따뜻하게 데워진 물
③ 서로 다른 생물이 함께 살며, 도움을 주고받는 관계
④ 불을 끄는 기구

5 보기 속 어휘를 활용하여 문장을 완성하세요.

정답 27쪽

보기
생명체 수증기 분류 계산 기온

예시 마트에 간 총총이 아빠는 과자 두 봉지 값을 **계산하고** 돈을 냈다.

- 사과와 바나나는 과일로, 당근과 오이는 채소로 **분류된다.**
- 목욕탕의 문을 열자, 뿌연 **수증기** 때문에 앞이 잘 보이지 않았다.
- 랑랑쌤은 해가 지면 **기온이** 내려간다며 목도리와 장갑을 챙겼다.
- 명명이는 지구가 아닌 곳에도 **생명체가** 있을 수 있다고 생각했다.

6 제시된 어휘를 활용하여 문장을 만드세요.

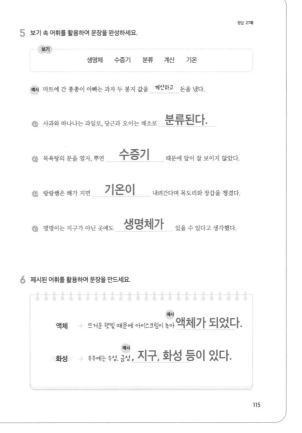

액체 → 예시 뜨거운 햇빛 때문에 아이스크림이 녹아 **액체가 되었다.**

화성 → 예시 우주에는 수성, 금성, **지구, 화성 등이 있다.**

일상생활

24 일차

한자의 뜻과 음을 확인하고 따라 쓰세요.

공부한 날 ____월 ____일

뜻
마당, 장소

장 場

음   모양

한자 따라 쓰기

場 場
場 場

📝 기본 실용 어휘

1 '장(場)'이 들어간 어휘를 읽어 보고, 뜻풀이에서 한자의 뜻과 연관된 글자에 ○ 하세요.

운동장
운동場
운전할 운 움직일 동 마당 장

운동을 할 수 있는
넓은 ⟨마당⟩

시장
시場
시장 시 마당 장

여러 가지 물건을 사고파는 ⟨장소⟩

정류장
정류場
머무를 정 머무를 류 마당 장

버스, 택시가 사람을 태우거나
내리기 위해 머무는 ⟨장소⟩

공장
공場
장인 공 마당 장

재료를 이용하여 물건을
만들어 내는 ⟨장소⟩

💡 아래 글을 읽고 질문에 답하세요.

정답 28쪽

여름을 좋아하는 이유

이글거리는 태양 아래, 두근대는 내 마음.
운동장에서 주르륵 흐르는 땀마저 반가워.
어느새 다가온 여름, 드디어 개장한 워터 파크.
그동안 갈고 닦은 수영 실력 마음껏 발휘하리!

랑랑쌤
역시 여름은 이 맛이야~

• 랑랑쌤은 여름을 얼마나 좋아하나요?
✏ **운동장** 에서 흘리는 땀마저 반갑다.

• 랑랑쌤이 수영 실력을 뽐낼 수 있게 된 이유는 무엇인가요?
✏ 워터 파크가 **개장** 했기 때문이다.

📝 실용 어휘 확장

2 뜻풀이를 각각 읽고 빈칸을 채워 어휘를 완성하세요.

새로운 제품 등이 세상에 나오거나 작품에서 인물이 나타남
등 장

어떤 장소나 작품에서 일이 일어나는 모습
장 **면**

場

많은 사람이 모일 수 있도록 거리에 만들어 놓은 넓은 공간
광 장

극장, 시장, 해수욕장 등의 장소에서 영업을 시작함
개 장

3 '장(場)'의 뜻을 떠올리며 밑줄 친 곳에 공통으로 들어갈 글자를 쓰세요.

정류장은 버스, 택시가 사람을 태우거나 내리기 위해 머무는 ___야.

장면은 어떤 ___나 작품에서 일이 일어나는 모습을 가리키지.

✏ **장소**

📝 어휘로 문해력 완성

정답 28쪽

4 다음 중 '장(場)'이 쓰이지 않은 어휘를 찾아 ○ 하세요.

시장   운동장   ⟨성장⟩   개장   등장

↳ 성장: 이룰 성 + 길 장(長)

5 문장을 각각 읽고 밑줄 친 곳에 들어갈 알맞은 어휘를 찾아 연결하세요.

바다에서 잡은 꽁치로 ___에서 통조림을 만들었다.

영화가 끝난 뒤, 총총이와 미미는 가장 기억에 남는 ___에 대해 이야기했다.

랑랑쌤은 ___에서 버스를 기다렸다.

수많은 사람이 ___에 모여 월드컵 대표팀을 응원했다.

장면
공장
광장
정류장

6 제시된 어휘 중 알맞은 것을 활용하여 문장을 완성하세요.

시장
vs
광장
✏ **시장에서는** 질 좋은 물건을 한곳에서 쉽게 구할 수 있다.

등장
vs
개장
✏ 무대 위에 아이돌이 **등장하자** 미미가 소리를 질렀다.

일상생활

25 일차

한자의 뜻과 음을 확인하고 따라 쓰세요.

뜻 쉴

휴 休

음 모양

한자 따라 쓰기

기본 실용 어휘

1 '휴(休)'가 들어간 어휘를 읽어 보고, 뜻풀이에서 한자의 뜻과 연관된 글자에 ○ 하세요.

휴식
休식
쉴 휴 숨일 식
하던 일을 멈추고 잠깐 **쉼**

휴가
休가
쉴 휴 겨를 가
학교, 직장, 군대 등에서
일정한 기간 동안 **쉬는 일**

공휴일
공休일
공평할 공 쉴 휴 날 일
나라에서 정하여 다 함께 **쉬는 날**

휴게소
休게소
쉴 휴 쉴게 바소
길을 가는 사람들이
잠깐 머물러 **쉬는 장소**

아래 글을 읽고 질문에 답하세요.

정답 29쪽

총총이 남매와 엄마의 대화

명명 방금 무시무시한 바람 소리 들었어?

총총 그래도 좋아. 태풍은 무섭지만,
덕분에 집에서 휴식을 즐길 수 있잖아.

엄마 한여름에 이불 뒤집어쓰고 뭐 하는 거야?
태풍 때문에 휴교했는데 학교에 보낼 수도 없고….

지금 네 얼굴이
제일 부섭거든?

• 총총이가 태풍이 와도 좋다고 한 이유는 무엇인가요?
  집에서 **휴식** 을 즐길 수 있다.

• 엄마는 왜 총총이와 명명이를 학교에 보낼 수 없나요?
  학교가 태풍 때문에 **휴교** 했기 때문이다.

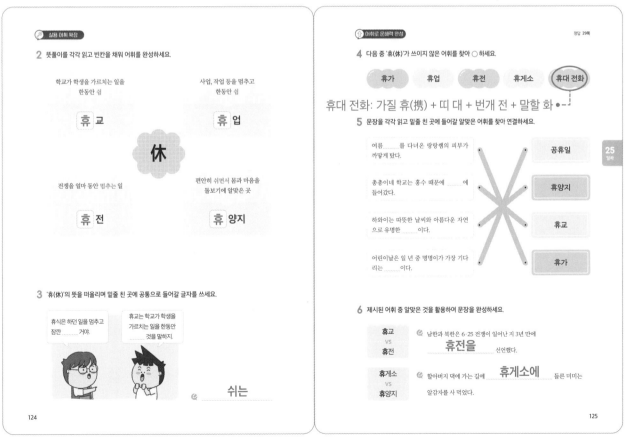

실용 어휘 확장

2 뜻풀이를 각각 읽고 빈칸을 채워 어휘를 완성하세요.

학교가 학생을 가르치는 일을
한동안 쉼
휴 교

사업, 작업 등을 멈추고
한동안 쉼
휴 업

休

전쟁을 얼마 동안 멈추는 일
휴 전

편안히 쉬면서 몸과 마음을
돌보기에 알맞은 곳
휴 양지

3 '휴(休)'의 뜻을 떠올리며 밑줄 친 곳에 공통으로 들어갈 글자를 쓰세요.

휴식은 하던 일을 멈추고
잠깐 ___ 거야.

휴교는 학교가 학생을
가르치는 일을 한동안
___ 것을 말하지.

쉬는

어휘로 문해력 완성

정답 29쪽

4 다음 중 '휴(休)'가 쓰이지 않은 어휘를 찾아 ○ 하세요.

휴가   휴업   휴전   휴게소   (휴대 전화)

휴대 전화: 가질 휴(携) + 띠 대 + 번개 전 + 말할 화

5 문장을 각각 읽고 밑줄 친 곳에 들어갈 알맞은 어휘를 찾아 연결하세요.

여름 ___ 를 다녀온 랑랑쌤의 피부가
까맣게 탔다.

총총이네 학교는 홍수 때문에 ___ 에
들어갔다.

하와이는 따뜻한 날씨와 아름다운 자연
으로 유명한 ___ 이다.

어린이날은 일 년 중 명명이가 가장 기다
리는 ___ 이다.

공휴일
휴양지
휴교
휴가

6 제시된 어휘 중 알맞은 것을 활용하여 문장을 완성하세요.

휴교
VS
휴전
남한과 북한은 6·25 전쟁이 일어난 지 3년 만에
휴전을 선언했다.

휴게소
VS
휴양지
할아버지 댁에 가는 길에 **휴게소에** 들른 미미는
알감자를 사 먹었다.

29

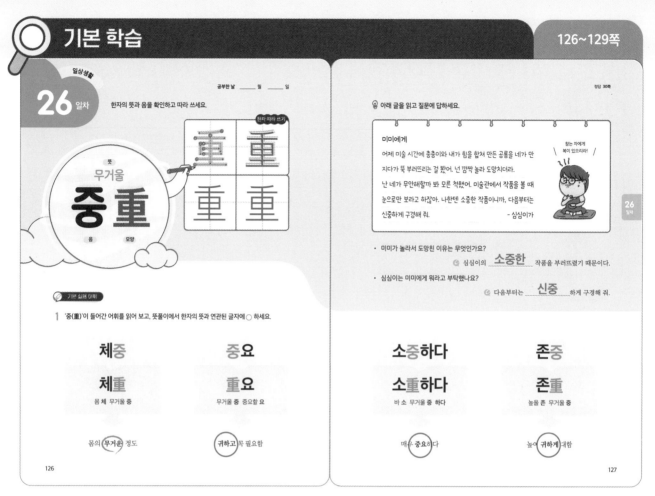

일상생활

26 일차

한자의 뜻과 음을 확인하고 따라 쓰세요.

한자 따라 쓰기

뜻
무거울

중 重

음 　　모양

重 重
重 重

기본 실력 어휘

1 '중(重)'이 들어간 어휘를 읽어 보고, 뜻풀이에서 한자의 뜻과 연관된 글자에 ○ 하세요.

체중
체重
몸 체 무거울 중

몸의 (무거운) 정도

중요
重요
무거울 중 중요할 요

(귀하고) 꼭 필요함

126

아래 글을 읽고 질문에 답하세요.

정답 30쪽

미미에게

어제 미술 시간에 총총이와 내가 힘을 합쳐 만든 공룡을 네가 만지다가 뚝 부러뜨리는 걸 봤어. 넌 깜짝 놀라 도망치더라.
난 네가 미안해할까 봐 모른 척했어. 미술관에서 작품을 볼 때 눈으로만 보라고 하잖아. 나한텐 소중한 작품이니까, 다음부터는 신중하게 구경해 줘.   - 심심이가

참는 자에게 복이 있으리라!

• 미미가 놀라서 도망친 이유는 무엇인가요?
　　　　　심심이의 __소중한__ 작품을 부러뜨렸기 때문이다.

• 심심이는 미미에게 뭐라고 부탁했나요?
　　　　　다음부터는 __신중__ 하게 구경해 줘.

소중하다
소重하다
바 소 무거울 중 하다

매우 (중요)하다

존중
존重
높을 존 무거울 중

높여 (귀하게) 대함

127

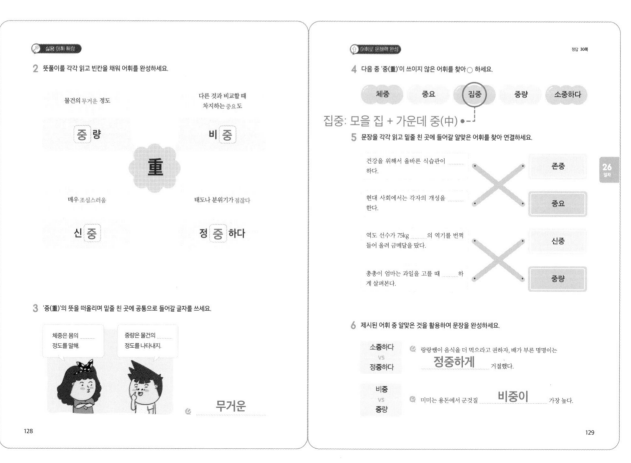

실용 어휘 확장

2 뜻풀이를 각각 읽고 빈칸을 채워 어휘를 완성하세요.

물건의 무거운 정도
다른 것과 비교할 때 차지하는 중요도

중 량　　　비 중

重

매우 조심스러울
태도나 분위기가 점잖다

신 중　　　정 중 하다

3 '중(重)'의 뜻을 떠올리며 밑줄 친 곳에 공통으로 들어갈 글자를 쓰세요.

체중은 몸의 ___ 정도를 말해.

중량은 물건의 ___ 정도를 나타내지.

__무거운__

128

어휘로 문해력 완성

정답 30쪽

4 다음 중 '중(重)'이 쓰이지 않은 어휘를 찾아 ○ 하세요.

체중　중요　(집중)　중량　소중하다

집중: 모을 집 + 가운데 중(中)

5 문장을 각각 읽고 밑줄 친 곳에 들어갈 알맞은 어휘를 찾아 연결하세요.

건강을 위해서 올바른 식습관이 ___ 하다. —— 중요

현대 사회에서는 각자의 개성을 ___ 한다. —— 존중

역도 선수가 75kg의 ___ 역기를 번쩍 들어 올려 금메달을 땄다. —— 중량

총총이 엄마가 과일을 고를 때 ___ 하게 살펴본다. —— 신중

6 제시된 어휘 중 알맞은 것을 활용하여 문장을 완성하세요.

소중하다
vs
정중하다
　랑랑쌤이 음식을 더 먹으라고 권하자, 배가 부른 명미는 __정중하게__ 거절했다.

비중
vs
중량
　미미는 용돈에서 군것질 __비중이__ 가장 높다.

129

30

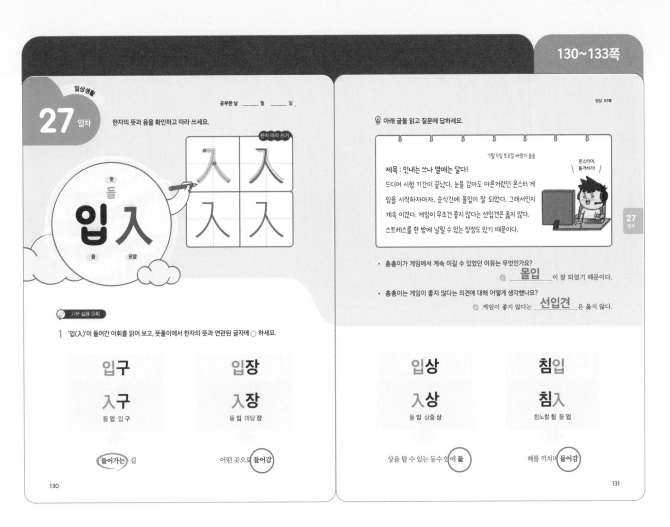

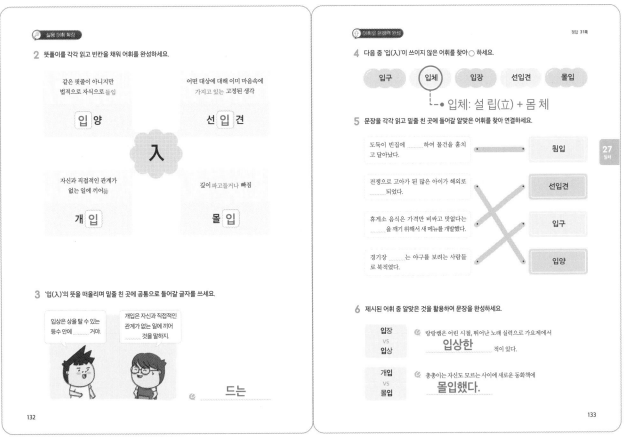

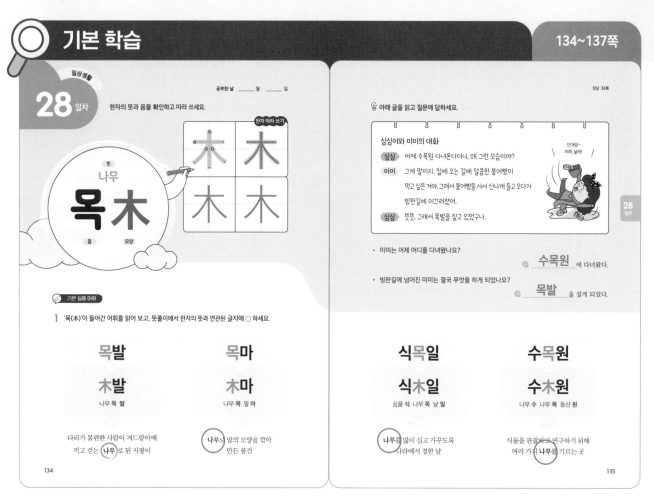

일상생활

28 일차

공부한 날 _____ 월 _____ 일

한자의 뜻과 음을 확인하고 따라 쓰세요.

한자 따라 쓰기

뜻 나무

목 木

음 모양

기본 실용 어휘

1 '목(木)'이 들어간 어휘를 읽어 보고, 뜻풀이에서 한자의 뜻과 연관된 글자에 ○ 하세요.

목발
木발
나무 목 발
다리가 불편한 사람이 겨드랑이에 끼고 걷는 나무로 된 지팡이

목마
木마
나무 목 말 마
나무나 말의 모양을 깎아 만든 물건

정답 32쪽

아래 글을 읽고 질문에 답하세요.

심심이와 미미의 대화

심심 어제 수목원 다녀온다더니, 왜 그런 모습이야?

미미 그게 말이지. 집에 오는 길에 달콤한 붕어빵이 먹고 싶은 거야. 그래서 붕어빵을 사서 신나게 들고 오다가 빙판길에 미끄러졌어.

심심 쯧쯧, 그래서 목발을 짚고 있었구나.

으아앙~ 미미 살려!

• 미미는 어제 어디를 다녀왔나요?
　　　　　수목원에 다녀왔다.

• 빙판길에 넘어진 미미는 결국 무엇을 하게 되었나요?
　　　　　목발을 짚게 되었다.

식목일
식木일
심을 식 나무 목 날 일
나무를 많이 심고 가꾸도록 나라에서 정한 날

수목원
수木원
나무 수 나무 목 동산 원
식물을 관찰하고 연구하기 위해 여러 가지 나무를 기르는 곳

134

135

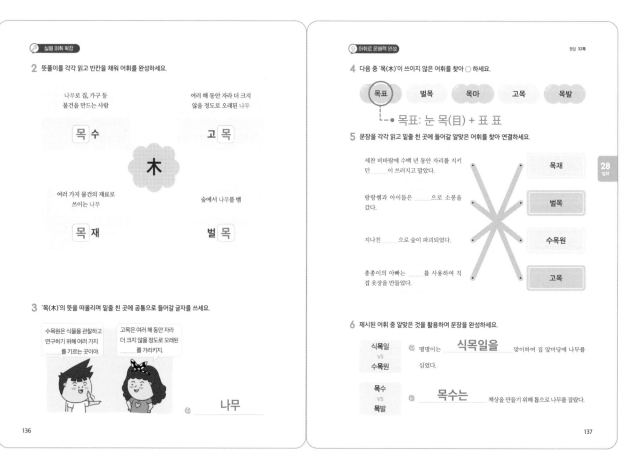

실용 어휘 확장

2 뜻풀이를 각각 읽고 빈칸을 채워 어휘를 완성하세요.

나무로 집, 가구 등 물건을 만드는 사람
목수

여러 해 동안 자라 더 크지 않을 정도로 오래된 나무
고목

木

여러 가지 물건의 재료로 쓰이는 나무
목재

숲에서 나무를 벰
벌목

3 '목(木)'의 뜻을 떠올리며 밑줄 친 곳에 공통으로 들어갈 글자를 쓰세요.

수목원은 식물을 관찰하고 연구하기 위해 여러 가지 ___를 기르는 곳이야.

고목은 여러 해 동안 자라 더 크지 않을 정도로 오래된 ___를 가리키지.

　　　　나무

어휘로 문해력 완성

정답 32쪽

4 다음 중 '목(木)'이 쓰이지 않은 어휘를 찾아 ○ 하세요.

목표　벌목　목마　고목　목발

└┄▶ 목표: 눈 목(目) + 표 표

5 문장을 각각 읽고 밑줄 친 곳에 들어갈 알맞은 어휘를 찾아 연결하세요.

세찬 비바람에 수백 년 동안 자리를 지키던 ___이 쓰러지고 말았다.

랑랑쌤과 아이들은 ___으로 소풍을 갔다.

지나친 ___으로 숲이 파괴되었다.

총총이의 아빠는 ___를 사용하여 직접 옷장을 만들었다.

목재
벌목
수목원
고목

6 제시된 어휘 중 알맞은 것을 활용하여 문장을 완성하세요.

식목일 vs 수목원
명명이는 **식목일을** 맞이하여 집 앞마당에 나무를 심었다.

목수 vs 목발
목수는 책상을 만들기 위해 톱으로 나무를 잘랐다.

136

137

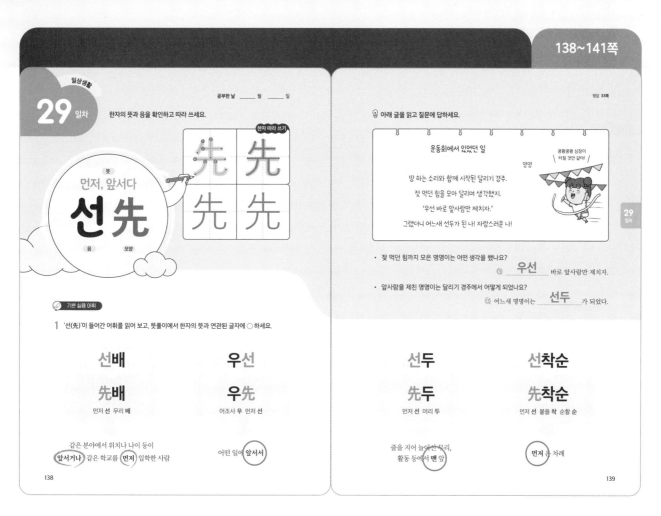

29 일차

공부한 날 ____ 월 ____ 일

한자의 뜻과 음을 확인하고 따라 쓰세요.

뜻 먼저, 앞서다

선 先

음 선 **모양** 先

한자 따라 쓰기

先 先
先 先

기본 실용 어휘

1 '선(先)'이 들어간 어휘를 읽어 보고, 뜻풀이에서 한자의 뜻과 연관된 글자에 ○ 하세요.

선배	우선
先배	우先
먼저 선 무리 배	어조사 우 먼저 선
같은 분야에서 위치나 나이 등이 (앞서거나) 같은 학교를 (먼저) 입학한 사람	어떤 일에 (앞서서)

정답 33쪽

아래 글을 읽고 질문에 답하세요.

운동회에서 있었던 일

쿵쾅쿵쾅 심장이 터질 것만 같아!

명명

땅 하는 소리와 함께 시작된 달리기 경주.
젖 먹던 힘을 모아 달리며 생각했지.
'우선 바로 앞사람만 제치자.'
그랬더니 어느새 선두가 된 나! 자랑스러운 나!

• 젖 먹던 힘까지 모은 명명이는 어떤 생각을 했나요?
  ✏ __우선__ 바로 앞사람만 제치자.

• 앞사람을 제친 명명이는 달리기 경주에서 어떻게 되었나요?
  ✏ 어느새 명명이는 __선두__ 가 되었다.

선두	선착순
先두	先착순
먼저 선 머리 두	먼저 선 붙을 착 순할 순
줄을 지어 늘어선 무리, 활동 등에서 (맨 앞)	(먼저) 온 차례

138 / 139

실용 어휘 확장

2 뜻풀이를 각각 읽고 빈칸을 채워 어휘를 완성하세요.

어떤 것보다 앞서거나 앞에 있음
선 행

앞장서서 이끌거나 안내함
선 도

先

태어날 때부터 이미 지니고 있는 것
선 천적

다른 나라보다 정치·경제·문화 등의 발달이 앞선 나라
선 진국

3 '선(先)'의 뜻을 떠올리며 밑줄 친 곳에 공통으로 들어갈 글자를 쓰세요.

우선은 어떤 일에 ____ 거야.

선진국은 다른 나라보다 정치·경제·문화 등의 발달이 ____ 나라지.

✏ __앞선__

어휘로 문해력 완성

정답 33쪽

4 다음 중 '선(先)'이 쓰이지 않은 어휘를 찾아 ○ 하세요.

선두 (곡선) 선배 선천적 선진국

└┈▶ 곡선: 굽을 곡 + 선 선(線)

5 문장을 각각 읽고 밑줄 친 곳에 들어갈 알맞은 어휘를 찾아 연결하세요.

기관사는 안전을 위해 ____ 열차와 간격을 띄워 운전했다. • — • 우선

명명이는 ____ 가 되자, 제법 의젓해졌다. • — • 선행

농구 선수 중에는 ____ 으로 키가 큰 사람이 많다. • — • 선배

놀이터에서 놀다가 집에 온 심심이는 저녁 먹기 전에 ____ 손부터 씻었다. • — • 선천적

6 제시된 어휘 중 알맞은 것을 활용하여 문장을 완성하세요.

선두
vs
선도
✏ 연예인들은 다양한 옷을 선보이며 유행을 __선도했다.__

선착순
vs
선진국
✏ 새로 생긴 마트는 __선착순__ 50명에게 반값 행사를 진행했다.

140 / 141

33

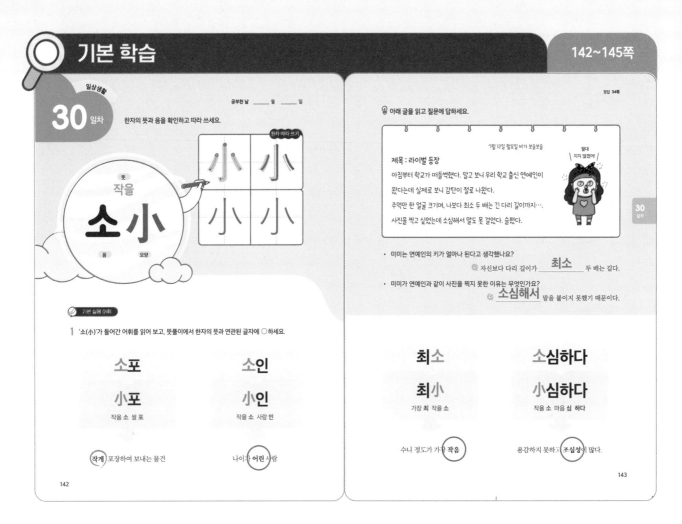

한자의 뜻과 음을 확인하고 따라 쓰세요.

한자 따라 쓰기

뜻
작을

소 小

음   모양

小 小
小 小

기본 실용 어휘

1 '소(小)'가 들어간 어휘를 읽어 보고, 뜻풀이에서 한자의 뜻과 연관된 글자에 ○하세요.

소포   소인

小포   小인

작을 소 쌀 포   작을 소 사람 인

(작게) 포장하여 보내는 물건   나이가 (어린) 사람

아래 글을 읽고 질문에 답하세요.

1월 12일 월요일 비가 보슬보슬

절대
지지 않겠어!

제목 : 라이벌 등장

아침부터 학교가 떠들썩했다. 알고 보니 우리 학교 출신 연예인이
왔다는데 실제로 보니 감탄이 절로 나왔다.
주먹만 한 얼굴 크기며, 나보다 최소 두 배는 긴 다리 길이까지….
사진을 찍고 싶었는데 소심해서 말도 못 걸었다. 슬펐다.

• 미미는 연예인의 키가 얼마나 된다고 생각했나요?

자신보다 다리 길이가 **최소** 두 배는 길다.

• 미미가 연예인과 같이 사진을 찍지 못한 이유는 무엇인가요?

소심해서 말을 붙이지 못했기 때문이다.

최소   소심하다

최小   小심하다

가장 최 작을 소   작을 소 마음 심 하다

수나 정도가 가장 (작음)   용감하지 못하고 (조심성)이 많다.

실용 어휘 확장

2 뜻풀이를 각각 읽고 빈칸을 채워 어휘를 완성하세요.

음식을 적게 먹음   모양이나 크기를 줄여서 작게 함

소 식   축 소

小

같은 종류의 물건 가운데   사실보다 작거나 약하게 평가함
작은 크기

소 형   과 소 평가

3 '소(小)'의 뜻을 떠올리며 밑줄 친 곳에 공통으로 들어갈 글자를 쓰세요.

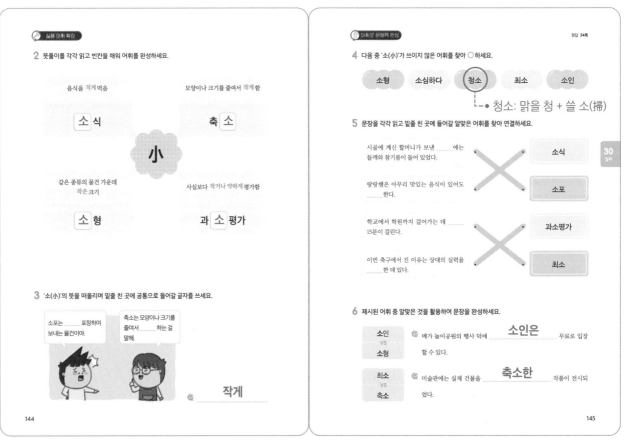

소포는 포장하여
보내는 물건이야.

축소는 모양이나 크기를
줄여서 ____하는 걸
말해.

작게

어휘력 문해력 완성

정답 **34**쪽

4 다음 중 '소(小)'가 쓰이지 않은 어휘를 찾아 ○하세요.

소형   소심하다   (청소)   최소   소인

청소: 맑을 청 + 쓸 소(掃)

5 문장을 각각 읽고 밑줄 친 곳에 들어갈 알맞은 어휘를 찾아 연결하세요.

시골에 계신 할머니가 보낸 ____에는
들깨와 참기름이 들어 있었다.   소식

랑랑쌤은 아무리 맛있는 음식이 있어도
____한다.   소포

학교에서 학원까지 걸어가는 데
15분이 걸린다.   과소평가

이번 축구에서 진 이유는 상대의 실력을
____한 데 있다.   최소

30
일차

6 제시된 어휘 중 알맞은 것을 활용하여 문장을 완성하세요.

소인
vs
소형   메가 놀이공원의 행사 덕에 **소인은** 무료로 입장

할 수 있다.

최소
vs
축소   미술관에는 실제 건물을 **축소한** 작품이 전시되

었다.

복습

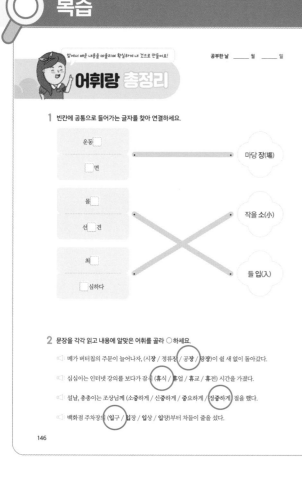

앞에서 배운 내용을 떠올리며 확실하게 내 것으로 만들어요!

어휘랑 총정리

공부한 날 ____ 월 ____ 일

1 빈칸에 공통으로 들어가는 글자를 찾아 연결하세요.

운동 [ ]
[ ] 면 ———————————————— 마당 장(場)

물 [ ]
선 [ ]견 ——X—— 작을 소(小)

최 [ ]
[ ] 심하다 ———————————————— 들 입(入)

2 문장을 각각 읽고 내용에 알맞은 어휘를 골라 ○하세요.

- 메가 버터칩의 주문이 늘어나자, (시장 / 정류장 / **공장** / 광장)이 쉴 새 없이 돌아갔다.
- 심심이는 인터넷 강의를 보다가 잠시 (휴식 / 휴업 / 휴교 / 휴전) 시간을 가졌다.
- 설날, 총총이는 조상님께 (소중하게 / 신중하게 / 중요하게 / **정중하게**) 절을 했다.
- 백화점 주차장에 (**입구** / 입장 / 입상 / 입양)부터 차들이 줄을 섰다.

146

정답 35쪽

3 채팅 속 빈칸에 들어갈 글자를 쓰고, 같은 한자가 들어간 어휘를 찾아 묶으세요.

← 랑랑쌤 패밀리 단톡방 🔍 ☰

지금부터 가장 빨리 대답하는 [ ]착순 한 명에게 선물을 드립니다. 모두 준비하시고 3, 2, 1!

선

미미
나, 나, 나 줘!
며칠 뒤에 내 생일인 거 알지?

명명
축하합니다. 당첨된 미미 언니에게 총총 님이 산었던 양말을 드립니다. 꼬릿꼬릿한 냄새는 덤입니다~

가	구	발	선	착	순
숲	선	제	만	너	수
꽃	솔	진	빙	미	월
내	인	화	국	모	선
기	고	그	징	술	행
선	배	바	도	정	토

147

4 가로세로 열쇠의 뜻풀이를 읽고 퍼즐을 완성하세요.

❶신			❸벌	❷목(木)
❶중(重)	량			발
		❸❸휴(休)	가	
		게	❹❹선(先)	도
		소	천	
			적	

가로 열쇠
❶ 물건의 무거운 정도
❷ 숲에서 나무를 벰
❸ 학교, 직장, 군대 등에서 일정한 기간 동안 쉬는 일
❹ 앞장서서 이끌거나 안내함

세로 열쇠
❶ 매우 조심스러움
❷ 다리가 불편한 사람이 겨드랑이에 끼고 걷는 나무로 된 지팡이
❸ 길을 가는 사람들이 잠깐 머물러 쉬는 장소
❹ 태어날 때부터 이미 지니고 있는 것

148

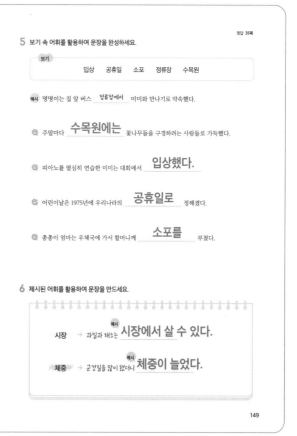

정답 35쪽

5 보기 속 어휘를 활용하여 문장을 완성하세요.

보기
입상 공휴일 소포 정류장 수목원

예시 명명이는 집 앞 버스 **정류장에서** 미미와 만나기로 약속했다.

✏️ 주말마다 **수목원에는** 꽃나무들을 구경하려는 사람들로 가득했다.

✏️ 피아노를 열심히 연습한 미미는 대회에서 **입상했다.**

✏️ 어린이날은 1975년에 우리나라에 **공휴일로** 정해졌다.

✏️ 총총이 엄마는 우체국에 가서 할머니께 **소포를** 부쳤다.

6 제시된 어휘를 활용하여 문장을 만드세요.

시장 → 과일과 채소는 예시 **시장에서 살 수 있다.**

체중 → 군것질을 많이 했더니 예시 **체중이 늘었다.**

149

35

함께 공부해요!

이서윤쌤의
초등 한자 어휘
끝내기
1단계 ┊ 정답

메가스터디BOOKS

내용 문의 02-6984-6932,3 ┃ 구입 문의 02-6984-6868,9 ┃ www.megastudybooks.com

초등 공부 시작부터 끝까지!

초등 1~2학년 | 1~2단계

+ **맞춤법, 어휘, 독해 통합** 학습

+ QR코드를 활용한 **지문 듣기 제공**

+ **문학, 비문학, 맞춤법 동화** 지문 구성

+ 하루 **2장, 25일** 완성

초등 1~2학년 | 1~2단계

+ **문장 학습, 글쓰기 통합** 학습

+ **초등 필수 국어 문법** 학습

+ 교과 연계 **갈래별 글쓰기** 연습

+ 하루 **1장, 50일** 완성

초끝 초끝은 초등 공부의 시작인 **탄탄한 기본기 마스터**부터 초등 공부의 끝인
다음 학년 준비까지 가장 **빠르고 효율적인 공부법**을 안내해 드립니다.   메가스터디BOOKS